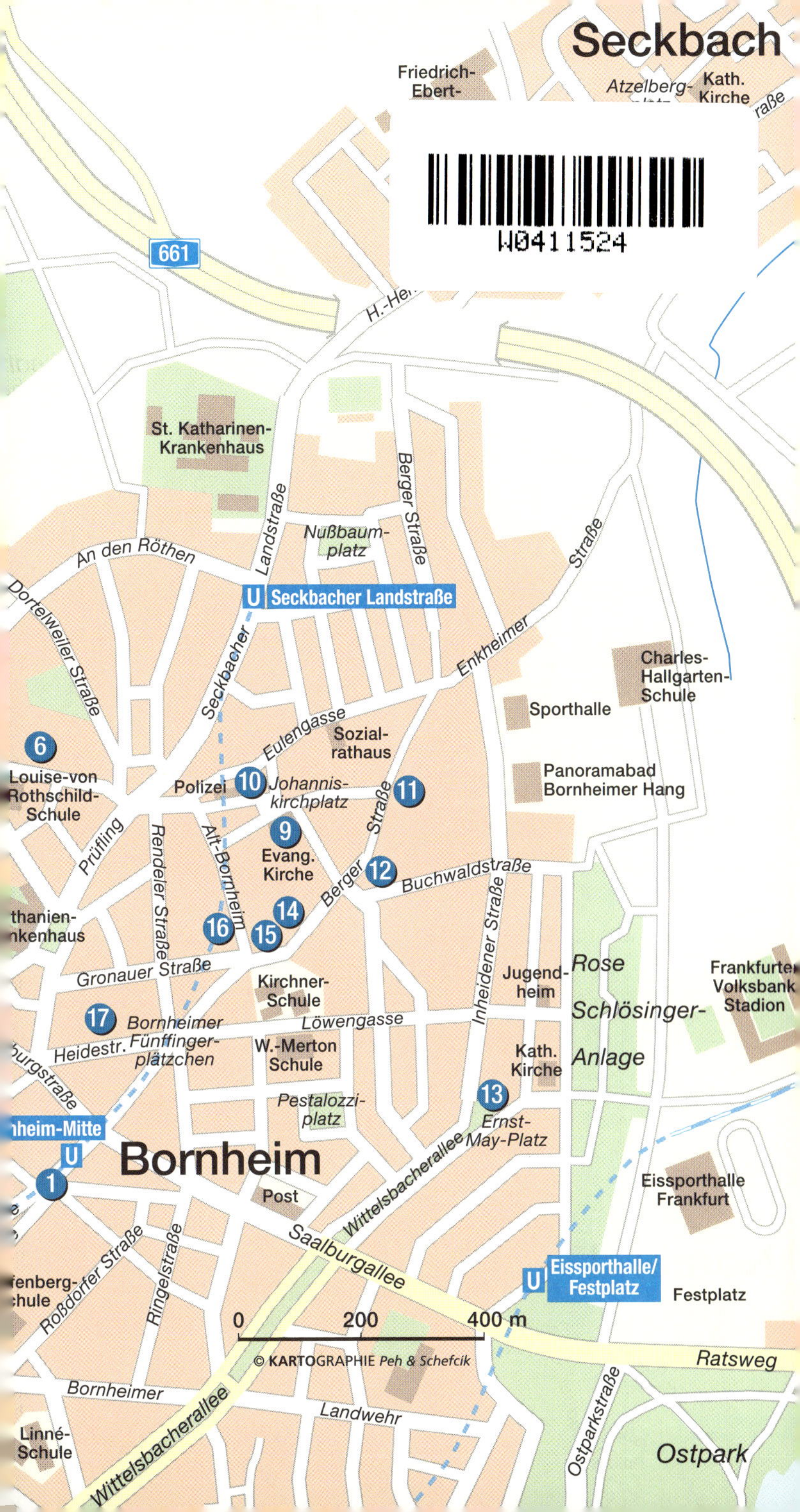
Seckbach
Friedrich-Ebert-
Atzelberg-
Kath. Kirche
661
H.-He
St. Katharinen-Krankenhaus
Landstraße
Berger Straße
Nußbaum-platz
An den Röthen
Straße
Dortelweiler Straße
Seckbacher Landstraße
Seckbacher
Enkheimer
Charles-Hallgarten-Schule
Sporthalle
Eulengasse
Sozial-rathaus
6
Louise-von Rothschild-Schule
Polizei
10
Johannis-kirchplatz
11
Straße
Panoramabad Bornheimer Hang
Prüfling
Rendeler Straße
Alt-Bornheim
9
Evang. Kirche
12
Buchwaldstraße
Berger
14
16
15
thanien-nkenhaus
Inheidener Straße
Jugend-heim
Rose Schlösinger-Anlage
Frankfurter Volksbank Stadion
Gronauer Straße
Kirchner-Schule
17
Bornheimer Fünffinger-plätzchen
Löwengasse
Heidestr.
W.-Merton Schule
Kath. Kirche
urgstraße
Pestalozzi-platz
13
Ernst-May-Platz
heim-Mitte
U
Bornheim
1
Wittelsbacherallee
Eissporthalle Frankfurt
Post
Saalburgallee
Roßdorfer Straße
Ringelstraße
enberg-hule
Eissporthalle/Festplatz
Festplatz
0
200
400 m
© KARTOGRAPHIE Peh & Schefcik
Ratsweg
Bornheimer
Landwehr
Ostparkstraße
Linné-Schule
Wittelsbacherallee
Ostpark

Bernhard E. Ochs
Bornheim

Bernhard E. Ochs

Bornheim

Die schönsten Streifzüge durch Frankfurt

SOCIETÄTS VERLAG

Für die Freundinnen & Freunde des Bürgervereins und Förderkreises historisches Bornheim e.V.

Satz: Nicole Proba, Societäts-Verlag
Umschlaggestaltung: Nicole Proba, Societäts-Verlag
Umschlag-Skyline: fotolia
Umschlagabbildung: Cordula Tippkötter
Druck und Verarbeitung: CPI – Ebner & Spiegel, Ulm
Printed in Germany 2011

ISBN 978-3-7973-1249-5

Inhalt

Vorwort 7

Wie erreicht man das lustige Dorf? 10

Der Homo Bornheimiensis 13

Bornheims Geschichte im Schnelldurchgang 15

Das Rund-um-Bild von 1825/50 27

Sehenswürdigkeiten 32
Rund ums Uhrtürmchen / Café Wacker / Wo ist der Löwe? / St. Josef / Bürgerhaus Bornheim / Burgblock und das Wertheim'sche Vereinshaus / Campo / Fünffingerplätzchen / Luisenhof / Friedberger Warte / Johanniskirche / Hoher Brunnen / Alt Bornheim 11 / Rathaus & Sonne / Langer Hof / Siedlung Bornheimer Hang

Bornheims grüne Lungen 58
Günthersburgpark / Wasserpark / Bornheimer Friedhof / Ostpark / Buchhang und Bornheimer Hang / Rosengärtchen

Einkaufen & Einkehren 70
Apfelweinhochburg Bornheim / Sittenverfall 1810 / Kneipen und Restaurants / Shoppen / Halbnackt durch Offenbach

Feste & Fitness & Freizeit 94
Feiern bis zum Abwinken / Bornheimer Vereinswelt / Volksbank Stadion / Panoramabad / Eissporthalle / Helmut Kohl? / Stadtteilhistoriker

Bekannt & Berühmt in Bornheim 114
Joseph & Louis Wertheim / Louise von Rothschild / Willi Richter / Cefischer / Vicky Leandros? / Richard Herrmann / Ines Thorn / Adam Seide / Mutter & Töchter Ruths-Rupp / Carlo Munck / Hedi Tschierschke / Adolph Steib und der Bahnhof

Bildnachweis 136

Vorwort

Weltdorf Bornheim

Im Frankfurter Stadtteil Bornheim oder Bernem, wie es in unserem Dialekt heißt, habe ich vor einer Ewigkeit das Licht der Welt erblickt. Seitdem hat Bornheim von mir Besitz ergriffen. Warum dies so ist, versuche ich jeden Tag neu zu ergründen. Denn landschaftlich betrachtet besitzt Bornheim weder einen schneeweißen Palmenstrand noch ein wildromantisches Alpenglühen, sondern nur drei Kilometer Berger Straße. Und auch architektonisch locken weder ein Märchenschloss noch ein futuristisches Guggenheim-Museum, sondern nur ein bescheidenes Ensemble Gründerjahrhäuser am Uhrtürmchen sowie ein paar urige Kneipen in Fachwerkhäusern.

Trotzdem erschien 2010 in der *New York Times* ein Artikel mit der Überschrift: „Once Merry, Now Cool, in Frankfurt", in Deutsch: „Früher lustig, heute trendig". Darin heißt es: „Was der trendige Stadtteil Williamsburg in Brooklyn für New Yorks Manhattan ist, ist Bornheim für das wolkenkratzergekrönte ‚Mainhattan' Frankfurt. Der vormalige Arbeiterstadtteil, einstmals wegen seiner vielen Apfelweinkneipen ‚das lustige Dorf' genannt, ist nun voller Boutiquen, Buchläden, Parks, Cafés, Biomärkte, historischen Kneipen und neuen Restaurants." Und dann besann ich mich auf ein Thekengespräch 1993 im „Foreign Correspondents' Club" von Hongkong mit ausländischen Journalistenkollegen. Die fragten mich, nachdem ich mich im fernen China als Bornheimer geoutet hatte: „Was macht eigentlich der Dünker?" (Der legendäre Weinkeller in der oberen Berger Straße).

Es ist also das Bornheim-Feeling, das nicht nur die Ureinwohner und „Eigeplackte“ besonders schätzen, sondern auch von vielen jungen Leuten und zahlreichen Gästen gesucht wird. Oder besser gesagt: Die bunte Mischung Mensch, die hier ihren Lebensmittelpunkt gewählt hat und deren Zusammenleben relativ gut klappt. Senioren, Kids, Akademiker, Handwerker, mit oder ohne Migrationshintergrund und wen das Schicksal noch so nach Bornheim brachte. Gesellschaftliche Klammern sind die zahlreichen Vereine, wie die Turngemeinde Bornheim, die Kneipen und Gaststätten jedweder Couleur oder die Stadtteilfeste wie die Bernemer Kerb. Hier findet Kommunikation pur statt und hier wird kommunales und historisches Selbstbewusstsein gelebt. Denn obwohl bereits 1877 eingemeindet, fühlen sich noch immer viele als Bewohner des „lustigen Dorfs“, die, wenn sie per U-Bahn in wenigen Minuten zum Rathaus Römer gelangen, noch immer „in die Stadt fahren“.

Sie alle, liebe Mit-Bernemer und Gäste, sind recht herzlich eingeladen zu einer Reise durchs „Weltdorf Bornheim“. Dies Büchlein wird Ihnen das Bornheim-Feeling ein Stück näherbringen.

Ihne Ihrn
Bernhard E. Ochs

Wie erreicht man das lustige Dorf?

Anreise: Wer Bornheim erreichen will, sollte auf das Auto verzichten. Die Parkplatzsuche ist trotz öffentlicher Quartiersgaragen (Saalbau Bornheim, Rosengärtchen, ehemaliges Straßenbahndepot) ein nahezu hoffnungsloses Unterfangen. Eine Alternative ist das Fahrrad, denn von der Innenstadt bis Bornheim gibt es gut ausgewiesene Fahrradstrecken. Nur Fußgängerzonen und Bürgersteige sollten nicht für riskante fußgängergefährdende Aktionen genutzt werden. Wer allerdings der Gastronomie wegen kommt, sollte besser den ÖPNV nutzen, um den Führerschein nicht zu riskieren.

Tor zur Welt: Dreh- und Angelpunkt für den öffentlichen Personennahverkehr ist Bornheim Mitte. Vom Hauptbahnhof erreicht man mit der U 4 in knapp acht Minuten das Herz Bornheims. Vom Tor zur weiten Welt, sprich dem Flughafen Frankfurt, erreicht man Bornheim per S-Bahn und U 4 über die Konstabler Wache in 29 Minuten. Mit den Bussen 34, 38 und 43 erreicht man Bornheim sternförmig und selbst aus Offenbach ist man in kürzester Zeit mit dem Bus 103 hier. Partygänger erreichen mit dem Nachtbus n5 Bornheim Mitte. Lehnt man sich dann als Ausgangspunkt für die Bornheim-Tour erwartungsvoll an den von dem Bildhauer Edwin Hüller geschaffenen Halblange-Brunnen auf dem Marktplatz, befindet man sich geografisch korrekt auf 50°07'32.13"N/8°42'24.98"O und in 124 Meter über Normalnull.

Ortszeiten: Die Armbanduhr muss der Bornheimbesucher nicht umstellen, obwohl im Frankfurter Stadtgebiet die Ortszeit gegenüber der mitteleuropäischen Zeit um 25 Minuten 17 Sekunden zurück ist. Zu zusätzlichen Zeitverschiebungen kommt es samstags auf der 3.093,8 m langen Berger Straße, wenn der Bornheimer beim Einkaufen viele Freunde und Bekannte trifft und unzählige Kurzgespräche führen muss. Dies ist allerdings nicht so schlimm, denn der Bornheimer findet sich ansonsten seiner Zeit voraus.

Im Schatten einstiger Größe: Die Weltbühne Bornheim beträgt 2,659 km^2, dies sind vom Gesamtstadtgebiet (248,3 km^2) nur etwa 1,08 Prozent. Schuld hierfür ist die Gebietsreform der 70er-Jahre des letzten Jahrhunderts, in deren Folge Bornheim erheblich an Fläche und Einwohnern schrumpfte. Wer dennoch den Überblick behalten und gleichzeitig den Frankfurter Dom fixieren möchte, kann dies am besten von der Friedberger Warte aus, Bornheims höchstem Punkt mit 159,2 m über Normalnull. Frankfurts höchster Punkt ist mit 212 m über Normalnull an einer anderen mittelalterlichen Warte, der Berger Warte. Bornheims absoluter Tiefpunkt mit 97,1 m über Normalnull befindet sich am nördlichen Rand des FSV-Sportplatzes, was in keinem Zusammenhang mit den Kickern steht, denn die spielen in der 2. Bundesliga.

Der Homo Bornheimiensis

Unabhängig davon, dass hier 27.184 Individualisten auf 2.659 km² in fünf Stadtbezirken leben, ist Dank des Bürgeramts Statistik und Wahlen doch einiges über den Bornheimer beziehungsweise die Bornheimerin zu erfahren. Von den Bewohnern sind 53,2 Prozent Frauen und Mädchen. Dadurch ist Bornheim im Vergleich zu Restfrankfurt etwas femininer. Auch die Gay Community ist hier augenscheinlich ausgeprägter. Kinder und Jugendliche wohnen hier etwas weniger, dafür ist der Anteil der Senioren leicht höher. Die größte Altersgruppe sind die 25-34-Jährigen. Der Anteil der Migranten liegt im Stadtdurchschnitt. Zu den fünf häufigsten nicht-deutschen Staatsangehörigen zählen Türken, Italiener, Kroaten, Serben und Polen, an zehnter Stelle folgen die Inder.

„Eagy" Joachim Raabe (Mitte) mit Freunden

Auch die Religionszugehörigkeit zeigt einen deutlichen Wandel rund um St. Josef und Zwibbelkersch. Die Mehrheit (14.304) ist nicht mehr christlich orientiert. Mitgliederstärkste Religionsgemeinschaft ist die römisch-katholische Kirche (5.821) vor der evangelischen (5.575), die seit der Reformation dominierend war. Die Institution mit der höchsten Zuwachsrate ist die Turngemeinde Bornheim. Seit 1981 wuchs sie von ehemals 706 Mitgliedern auf nunmehr ca. 20.000 und ist somit nicht nur eine gesellschaftliche Klammer im Stadtteil, sondern auch Hessens größter Sportverein.

Singles in Führung: Natürlich hat sich mit dem gesellschaftlichen Wandel auch die Institution Familie verändert. Die meisten Bornheimer (9.146) zählen zu der Gruppe der Ledigen, knapp gefolgt von den Verheirateten (9.091) sowie den Geschiedenen und Verwitweten. Die Geburtenrate der Bornheimer liegt mit 9,8 Geburten je 1.000 Einwohner im Stadtdurchschnitt, wobei die Sterbefälle mit 10,0 leicht darüberliegen. Vergleicht man noch die Fluktuation mit den Restfrankfurtern, ist die Statistik eindeutig und belegt das emotionale Empfinden pro Bornheim: Alle wollen nach Bornheim, und wer hier einmal seine Heimat gefunden hat, der zieht auch nicht mehr so schnell weg.

Bornheims Geschichte im Schnelldurchgang

Wie alt ist eigentlich Bornheim und wie verlaufen seine Grenzen? Zwei Fragen, die oft bei Stadtteilführungen gestellt werden. Die erste urkundliche Erwähnung Bornheims ist in einer Gerichtsakte aus dem Jahre 1194, in der ein Ritter Henricus de Burnheim (Heinrich von Bornheim) genannt wird. Die zweite Frage bedarf eines weiten Exkurses an anderer Stelle.

Von Römern, Merowingern und geschäftstüchtigen Rittern

Bereits die alten Römer ließen sich hier häuslich nieder. Bei Ausgrabungen an der Kreuzung Hartmann-Ibach-Straße/Böttgerstraße fand man Reste einer „Villa rustica“: Eines stattlichen Gutshofes mit Weinkeller und Fußbodenheizung, den ein pensionierter Besatzungsoffizier nach seinem Dienst im kühlen Germanien als Bonus erhielt. Um das Jahr 260 verließen dann die Römer die aus ihrer Sicht ungastliche Region gen Süden.

In der sogenannten Landnahmezeit im 6. Jahrhundert schienen aber die Franken aus dem Geschlecht der Merowinger hier Gefallen gefunden zu haben und bauten eine Siedlung. Erst im Jahre 1303 taucht Bornheim wieder in Urkunden als Grafschaft Bornheimer Berg auf, die auf Kaiser Barbarossa (Friedrich I.) zurückging und aus 19 Dörfern rund um Frankfurt besteht. 17 Jahre später schien König Ludwig der Bayer etwas knapp zu sein und verpfändet die Grafschaft, inklusive der Bornheimer, kurzerhand an die Grafen von Hanau. Der Kuhhandel mit wechselhaften Besitzverhältnissen hält noch einige Zeit an, bis die Schelme von Bergen 1475 Bornheim an Frankfurt verkaufen und die Hanauer Grafen neun Jahre später gänzlich auf ihre Rechte, sprich Bares, verzichten. Nun war Bornheim ein Dorf im Besitz der Freien Reichsstadt Frankfurt und durch den Bau der Friedberger Warte sowie der Bornheim-Seckbacher Landwehr in das äußere Verteidigungssystem weit vor den schützenden Frankfurter Stadtmauern integriert.

Die ehemalige Günthersburg

Der erste Blitzableiter und Ballonaufstieg

1522 hält Hartmann Ibach, ein Schüler Luthers, die erste protestantische Predigt in Frankfurt. Zwei Jahre später verweigern die Bornheimer die Kirchensteuer und 1527 erreicht die herbeigewünschte Reformation Bornheim. In den nächsten Jahrhunderten geschieht wenig Weltbewegendes in Bornheim, was in die Geschichtsschreibung eingeht. 1779 wird die Johanniskirche eingeweiht, in die dann zwei Jahre später der Blitz einschlägt und die danach den ersten Blitzableiter Frankfurts erhält. Am 3. Oktober 1785 steigt erstmals in Deutschland von der Bornheimer Heide ein Heißluftballon mit Jean Pierre Blanchard auf, der nach etwa einer Stunde in Weilburg landet. Die Einwohnerzahl Bornheims beträgt 1799 genau 1.397.

Das Ende der Leibeigenschaft

Nachdem französische Revolutionstruppen Frankfurt besetzt haben, entsteht 1806 das „Großherzogtum Frankfurt" und aus dem Dorf Bornheim eine „Mairie" (Bürgermeisteramt) nach französischem Vorbild. Trotz Einführung der Bürgerrechte, der Handelsfreiheit und des staatlichen Schulwesens bleiben die Franzosen Besatzer. Erst 1818, nachdem Frankfurt wieder Freie Reichsstadt war, wurde die Leibeigenschaft abgeschafft, von der auch Bornheimer betroffen waren. Ein bescheidener Fortschritt kommt 1827 mit dem „Hohen Brunnen" als erster kommunaler Wasserleitung nach Bornheim.

Preußische Landgemeinde

Nach dem Paulskirchenparlament und der fehlgeschlagenen bürgerlichen Revolution im Jahre 1848 entwickelt sich das Dorf Bornheim allmählich. Der neue Friedhof an der Dortelweiler Straße wird 1851 eröffnet. Ab 1863 erhellt Gasbeleuchtung die Bornheimer und die erste

Bürgerschule (Kirchnerschule) wird 1865 eröffnet. Im Günthersburgpark steht zwischenzeitlich das Rothschildsche Schlösschen und in dessen Nachbarschaft der Luisenhof.

Nachdem die Preußen 1866 Frankfurt besetzen, ist es aus mit der Reichsstadtherrlichkeit. Frankfurt wird preußische Provinzstadt und das ehemalige Bornheim erstmals selbstständige, aber preußische Landgemeinde.

Gründerjahre und Eingemeindung: Die Fulder komme!

Durch den Deutsch-Französischen Krieg 1870/71 kommt es unmittelbar zum wirtschaftlichen Aufschwung. Mit der Krönung Wilhelm I. zum Kaiser beginnen die sogenannten Gründerjahre, finanziert durch französische Reparationszahlungen. Im Frankfurter Osten entstehen Fabriken und ein Zustrom katholischer Arbeitsimmigranten, der „Fulder", setzt ein. Die Bautätigkeit rund um das 1873 errichtete Bornheimer Uhrtürmchen beginnt. 1876/77 entsteht die katholische St. Josefskirche (Neubau 1931/32). Frankfurt platzt zwischenzeitlich aus den Nähten und sucht dringend Erweiterungsterrain. Objekt der Begierde war die unbebaute Bornheimer Heide. So kommt es zu jahrelangen Verhandlungen zwischen dem Bornheimer Gemeinderat unter Schultheiß Rühl und dem Frankfurter Magistrat unter Oberbürgermeister Mumm von Schwarzenstein. Die kommunale Selbstständigkeit Bornheims währt nur 11 Jahre. Am 1. Januar 1877 wird Bornheim als erstes Dorf zu Frankfurt eingemeindet.

Bürokratische Leistung

Der Eingemeindungsvertrag ist kurz und knackig und besteht nur aus 12 Paragrafen. Heute eine bürokratisch unvorstellbare Leistung. Drei Stadtverordnete stand man den Bornheimern zu und die Lehrer und Gemeindeangestellten wurden von der Stadt übernommen. Außerdem verpflichtete sich Frankfurt, die Berger Straße „in kürzester Zeit in einer für Fahr- und Fußverkehr ausreichenden Weise“ herzurichten, die Bornheimer Straßen zu pflastern sowie Bornheim an die Quellwasserleitung anzuschließen. 1879 wird Bornheim per Pferdebahn mit der Welt, beziehungsweise der Frankfurter Innenstadt, verbunden. Diese wird dann 1900 durch die elektrische Straßenbahn ersetzt. 1902 erhalten die Bornheimer sogar ihr eigenes Straßenbahndepot, das „katholische Depot“ in der Heidestraße.

Die Eingemeindung in Friedrich Stoltzes „Latern“

Bornheim vervierfacht sich

Die Bornheimer Bevölkerung hatte sich seit Beginn der Gründerjahre innerhalb von 20 Jahren vervierfacht. Die damalige Anpassung der Infrastruktur war eine gewaltige Leistung.

So schießen Schulen wie Pilze aus dem Boden: 1883 die Lersnerschule (erste Volksschule), 1904 die Bornheimer Realschule, 1906 die Comenius- und Günthersburgschule und 1912 die Weidenbornschule.

Der Günthersburgpark dient ab 1892 als zweiter öffentlicher Park Frankfurts der Erholung und 1908 wird das Bethanien-Krankenhaus eröffnet. Die Fußballer des FSV, die vorher auf dem Gelände am Prüfling kickten, bekommen einen neuen Fußballplatz an der oberen Berger Straße, der heute Heimat der SG Bornheim/Grün-Weiß ist.

Gegen Ende des Ersten Weltkriegs und des Kaiserreiches (1914-1918) finden im Ostpark Hungerdemonstrationen und Friedenskundgebungen statt. Während der Inflationsjahre beträgt der Preis einer Kurzstrecke mit der Straßenbahn innerhalb Bornheims am 20. November 1924 etwa 90 Milliarden Mark. Der Frankfurter Magistrat legt unter Oberbürgermeister Ludwig Landmann, Stadtbaurat Ernst May und Kämmerer Bruno Asch ein Sozialwohnungsbauprogramm auf, hierzu gehört auch der 1929 begonnene Bau der Siedlung Bornheimer Hang sowie der Heilig-Kreuz-Kirche in der Kettelerallee, als zweite katholische Kirche Bornheims.

Brauner Terror und Bomben auf Bornheim

Bei den Wahlen zur Frankfurter Stadtverordnetenversammlung im März 1933 wird die NSDAP stärkste Partei. Kurz darauf beginnt der Staatsterror gegen jüdische Mitbürger, politische Gegner und Menschen, die nicht in das Schema der Nazis passen. 1939 überfällt die Wehrmacht Polen und beginnt damit den Zweiten Weltkrieg, der Millionen von Menschen Tod und Elend bringt. Als Teil der Kriegsvorbereitung wird 1937 mit dem Bau der Kasernen an der Friedberger Warte begonnen.

Der Bornheimer Widerstandskämpfer und Stadtverordnete Albrecht Ege (SPD) wird 1943 in Preungesheim hingerichtet. Am 11. Dezember 1944 wird Alt-Bornheim durch einen Bombenangriff weitgehend zerstört und am 28. März 1945 ziehen die ersten US-Soldaten die Berger Straße herauf, damit ist für Bornheim der Zweite Weltkrieg zu Ende.

Von den Amis bis zu den 68ern

Frankfurt liegt in Ruinen und gehört zur amerikanischen Besatzungszone. In die ehemaligen Wehrmachtskasernen an der Friedberger Warte zieht die US-Army ein und benennt sie in Atterberry und Betts um. Die Bornheimer haben Hunger, deshalb wird 1946 der Ostpark mit seinen Sportanlagen in einen riesigen Acker für Kartoffeln und Gemüse verwandelt. Am 26. Mai 1946 findet die erste Kommunalwahl nach dem Krieg in Frankfurt statt. Die SPD wird stärkste Fraktion und Walter Kolb Oberbürgermeister.

Der Halblange-Brunnen von Edwin Hüller

In Bornheim beginnen Wiederaufbau und Wirtschaftsaufschwung. So entsteht 1956/57 die neue Siedlung an der Dortelweiler Straße/An den Röthen/Vereinsstraße mit 800 Wohnungen und 50 Einfamilienhäusern. Und der Neubau von Kirchen und Profanbauten boomt: 1954 St. Michael, 1955 die Heilandskirche, 1960 das Katharinenkrankenhaus, 1962 die Wartburgkirche, 1964 die Sozialstation Bornheim und 1970 das Bezirksbad Bornheim.

Auch die „68er-Bewegung“, als Antwort auf die autoritäre Gesellschaftsstruktur, geht an Bornheim nicht spurlos vorbei. Im gleichen Jahr findet die erste Dippemess auf dem Festplatz am Ratsweg statt.

Das Hundeklo muss weg!

1970 wurde der Vereinsring Bornheim gegründet, der sechs Jahre später den neuen Bürgertreff in der Saalburgstraße nutzt. 1972 findet in Hessen die Gebietsreform statt und es entstehen Ortsbeiräte. Erster Ortsvorsteher des Ortsbeirates 4 (Bornheim/Ostend) wird Norbert Simon.

1980 wird die U-Bahn-Strecke (U4) zwischen Hauptbahnhof und Seckbacher Landstraße eingeweiht, die Berger Straße wird teilweise verkehrsberuhigt und am Uhrtürmchen entsteht der Bornheimer Wochenmarkt. Der neue Brunnen am Uhrtürmchen (Spitzname: Sarg und Hundeklo) missfällt den Bornheimern. Die Bürgerinitiative „Förderkreis historisches Bornheim“ erreicht, dass stattdessen der neue „Halblange-Brunnen“ des Bildhauers Edwin Hüller 1983 enthüllt wird.

1989 wird der Ausländerbeirat Bornheim/Ostend gegen den Widerstand des Magistrats und des Stadtrates Daniel Cohn-Bendit gewählt. Erst später wird dann die Kommunale Ausländervertretung (KAV) für Frankfurt gewählt.

Sportstätten, Bürgerhaus und Museumslädchen

1981 wird die Eissporthalle am Bornheimer Hang eröffnet. Das Bürgerhaus Bornheim (heute Saalbau) mit Stadtteilbibliothek, zentraler Kinder- und Jugendbibliothek, Restaurant und Veranstaltungsräumen öffnet 1984 seine Pforten. 1985 schließt der Kaufhof auf der Berger Straße; in die freiwerdenden Gewerberäume zieht das Medienkaufhaus Saturn.

Aus dem Bezirksbad wird das neue „Panoramabad Bornheimer Hang“, das 1990 eröffnet wird. Und 1994 feiern die Bornheimer ein ganzes Jahr lang „800 Jahre Bornheim & 1200 Jahre Frankfurt“. Ein Programmpunkt ist die Eröffnung des „Bernemer Museumslädchen“ (Frankfurts kleinstes Museum) in der Turmstraße, das vom heutigen Bürgerverein und Förderkreis historisches Bornheim genutzt wird. Der Förderkreis Historisches Bornheim und der Bürgerverein Bornheim schließen sich 1997 zusammen. 1995 übernimmt der Vereinsring Bornheim, als erster Frankfurter Vereinsring, den Bürgertreff in Selbstverwaltung.

New Atterberry, Campo und Mobility Center

Durch den Abzug der US-Truppen Anfang der 90er-Jahre werden rings um die Friedberger Warte erhebliche Flächen frei. So entstehen dort die Neubauviertel „New Atterberry“, „Betts“ und „Am Wasserpark“ mit Schule und Kitas, die 2011 eröffnet werden.

Das ehemalige Straßenbahndepot in der Heidestraße wird 2005 von der ABG Frankfurt Holding erworben. Auf dem neuen „Campo“ zwischen Heide-, Gronauer- und Rendeler Straße entstehen Wohnungen in Passivbauweise, die ab 2009 bezogen wurden. In die denkmalgeschützte Wagenhalle zieht ein Selbstbedienungsmarkt ein, der 2009 als einer der schönsten SB-Märkte Deutschlands prämiert wird.

Die Deutsche Bahn eröffnet 2005 in der Berger Straße das erste „DB Mobility Center" Deutschlands, einen Fahrkartenverkauf außerhalb eines Bahnhofs.

Die Kirchengemeinden rücken zusammen

Die Zahl der Kirchenmitglieder nimmt rapide ab. Deshalb schließen sich 2003 die beiden evangelischen Gemeinden Johannis und Heiland zur Evangelischen Kirchengemeinde Bornheim zusammen. Die Heilandskirche in der Saalburgallee wird abgerissen und macht einem Diakoniezentrum mit Kindergarten, Altenpflegeheim, betreuten Wohnungen und einer Kapelle Platz, das 2008 eingeweiht wird. Ebenso werden 2007 die katholischen Gemeinden St. Josef, Heilig Kreuz und St. Michael zusammengelegt. Aus Heilig Kreuz wird ein Zentrum für christliche Meditation und Spiritualität, aus St. Michael eine Kirche für Trauerseelsorge. Den Klängen der neuen Orgel in der barocken Johanniskirche können die Bornheimer ab 2009 lauschen.

Sportliche Rekorde satt

In Sachen Sport geht es in Bornheim bergauf. Der FSV Frankfurt übersprang gleich zwei Klassen und stieg 2008 in die 2. Fußball-Bundesliga auf.

Die Fußballerinnen und Fußballer der SG Bornheim/ Grün-Weiß haben die meisten Kinder- und Jugendmannschaften Frankfurts (mehr als die Profis von Eintracht und FSV) und müssen sich mit einem einzigen Kunstrasenplatz bescheiden. 2006 errichten sie ein eigenes Kinder-

und Familienzentrum auf dem Sportplatzgelände an der oberen Berger Straße.

Die Turngemeinde Bornheim feiert 2010 tagelang ihr 150-jähriges Bestehen im Rathaus Römer, am Bornheimer Fünffingerplätzchen und in dem 2006 eröffneten „Sportcenter Bornheim“ an der Inheidener Straße. Dabei bricht sie alle Rekorde, denn sie ist Hessens größter Sportverein.

Das Rund-um-Bild von 1825/50

1825 stand Johann Ludwig Petsche auf dem Dach der Bornheimer Johanniskirche und fertigte ein Rund-um-Bild mit dem Titel: „Bornheim mit Umgebung“. 25 Jahre später vervollständigte er sein Werk. Petsche wohnte in Frankfurt, arbeitete als Organist an der Paulskirche sowie als Klavierlehrer. Er starb 1859. Ein Jahr später schenkte sein Schwiegersohn das Werk der Gemeinde Bornheim. Es hing viele Jahre im Wohnzimmer einer Familie im Umland, bis es wieder seinen Weg nach Bornheim zurückfand und dem Bürgerverein und Förderkreis historisches Bornheim geschenkt wurde.

Legende des Bornheimer Rund-um-Bildes von 1825/50

1. Der Querschnitt des Kirchturmdachs der Bornheimer Johanniskirche. Von hier aus zeichnete Petsche das Rund-um-Bild.

2. Der Hohe Brunnen an der oberen Berger Straße. Die erste kommunale Wasserleitung Bornheims wurde 1827 in Betrieb genommen und deshalb erst 1850 nachträglich eingezeichnet.

3. Die Frankfurter Altstadt. In der Mitte ragen der Dom und die Paulskirche aus den Häusern heraus. Etwas rechts davon der Eschenheimer Turm.

11
10
13
12
1
9
8
7

Rund-um-Bild von 1825/50

4. Das „Weiße Schlösschen“ der Bankiersfamilie Rothschild, die 1837 das Gelände des heutigen Günthersburgparks erwarb und es erbauen ließ. Die Häuseransammlung rechts davon zeigt den „Louisenhof“ (heute FES-Gelände) und das Aussichtstürmchen.

5. Das Portal des 1828 errichteten Frankfurter Hauptfriedhofes in der Eckenheimer Landstraße. Am rechten Bildrand erhebt sich der Taunus mit dem Feldberg.

6. Die 1478 errichtete Friedberger Warte. Wie die übrigen außerhalb der Stadtmauern befindlichen Warten und Landwehren war sie Teil des Verteidigungssystems.

7. Die Berger Warte mit dem Galgen ist mit 212 Meter ü. M. der höchste Punkt Frankfurts. Sie liegt an der Grenze zu Bad Vilbel. Hier fand 1759 die Schlacht zwischen den Franzosen und den Preußen sowie deren Verbündeten statt, von der Goethe berichtete.

8. Das Dorf Seckbach am Fuße des Lohrbergs.

9. Das damals zu Hanau gehörende Dorf Bergen. 1977 wurde es als letzte selbstständige Landgemeinde zu Frankfurt eingemeindet.

10. Das Fischerdorf Fechenheim und anschließend unsere Nachbarstadt Offenbach.

11. Das Gärtnerdorf Oberrad, an der Gemarkungsgrenze zu Offenbach. Hier wachsen die sieben Kräuter für die „Grüne Soße“.

12. Aussichtsturm am Röderbergweg. Hier wohnte zeitweilig der Heimatdichter und Lokalpatriot Friedrich Stoltze und hier ging der Philosoph Arthur Schopenhauer öfters mit seinem Pudel spazieren.

13. Schaufelraddampfer auf dem Main.

Sehenswürdigkeiten

Rund ums Uhrtürmchen

Ausgangspunkt für viele Aktivitäten und Entdeckungsreisen ist das Bornheimer Uhrtürmchen. Die Bebauung der meisten umliegenden Wohnhäuser begann in den sogenannten Gründerjahren ab 1871. In diesem Zeitraum wurden auch seinerzeit wichtige Infrastrukturmaßnahmen wie das Uhrtürmchen (1873), das ehemalige Postamt (1876) Ecke Spessartstraße/Mainkurstraße oder die Pferdebahn (1879) von Frankfurt über den Sandweg und die Arnsburger Straße bis zum Uhrtürmchen in Betrieb genommen.

Einige der Gründerjahrhäuser wurden inzwischen von weniger attraktiven Zweckbauten verdrängt, doch das bunte Wochenmarkttreiben und der gepflegte Müßiggang

Das Bornheimer Uhrtürmchen und der Marktplatz

in den Sommergärten der Berger Straße hat der „alten Dame“ zu einem attraktiven Facelifting verholfen.

Café Wacker: Kaffeekultur im Tabakladen

1914 eröffnete Luise Wacker aus Biberach bei Heilbronn ein Feinkostgeschäft mit eigener Rösterei im Kornmarkt. Vier Jahre später heiratete sie den aus Russland stammenden Studenten Jakob Slutzky, der später während der Nazidiktatur emigrieren musste. Gute Qualität, freundlicher Service und das große Angebot frisch gerösteter Kaffeesorten ließen Wacker's Kaffee schnell zu einer Institution werden. Mittlerweile ist die dritte Generation in Sachen Kaffeekultur verantwortlich für vier Filialen und die Rösterei.

1999 wurde das Café am Uhrtürmchen eröffnet. Das Ladengeschäft, in dem einst David Dauth einen Tabakladen

Urbane Kaffeegesellschaft bei Wacker's

betrieb und das zuvor eine Gaststätte war, ist ein einzigartiges Kleinod des Art déco und steht unter Denkmalschutz. Der Architekt Peter Umpfenbach entwarf 1921 die Fassade und Innenausstattung des 24 m^2 großen Tabakladens. Die Fassade ist in kunstvoller Baukeramik mit exotischen Motiven gestaltet, die an den Handel mit Tabakwaren aus aller Welt erinnern. Ebenso reich verziert sind die Eichenholzvitrine, die den Verkaufsraum prägt, sowie die Decke mit Stuckelementen. In dem Sommergarten zwischen Art-déco-Fassade und Halblange-Brunnen bei einem Latte macchiato die Vorbeiflanierenden zu begutachten oder einfach die Seele baumeln zu lassen, ist „Leben der Bernemer Art".
Ort: Berger Straße 185, Tel. (069) 46 00 77 52.

Wo ist der Bernemer Dachlöwe?

Bei Stadtteilführungen und an Stammtischen taucht zeitweilig die Frage nach dem Verbleib des Bernemer Dachlöwen des Schreiber'schen Hauses Berger Straße 179 auf. Das Haus wurde in den 60er-Jahren durch eine Bausünde der Firma Woolworth ersetzt, die 1993 wiederum abgerissen wurde. Heute ist dort ein Wohn- und Geschäftshaus, in dem die Sparkasse residiert. Der lebensgroße bronzene Löwe stand ursprünglich im Hof der Gaststätte „Schmärrnche" in der Kleinen Spillingsgasse und wurde dann zur Giebelfigur mit Blick über Bornheim erhöht.

Willi Schreiber, aus altem Ebbelwoi-Adel stammend, zog es einst in die etwas mondänere Zeppelinallee, wo er im Garten seiner Villa den Löwen aufstellte. Zuvor gab er der Bornheimer Verwandtschaft noch das Versprechen, dass nach seinem Ableben der Löwe wieder in seine alten Jagdgründe zurückkehre. Doch es kam anders. Schreiber verschied, die Erben waren vergesslich, die Villa wechselte den Besitzer und das Tierchen blieb in fremder Obhut. Selbst Bernhard Grzimek, der öfters einen Ebbelwoi in Bornheim nahm, kann sich nicht mehr für die seltene Spezies des Bernemer Dachlöwen einsetzen.

St. Josef: Zwei in einer Kirche

Der heilige Josef und das Jesuskind des Bildhauers Arnold Hensler haben in luftiger Höhe des Kirchturms einen der

Der „neue" Kirchturm von St. Josef Ecke Berger Straße/Eichwaldstraße

besten Ausblicke über die „Bernemer Zeil". Die katholische Pfarrkirche zwischen Berger Straße und Eichwaldstraße ist zudem die größte Gemeinde im Bistum Limburg.

Frankfurt und Bornheim waren seit der Reformation fast ausschließlich evangelisch. Die Katholiken lebten in einer Diaspora und waren über Jahrhunderte von den vollen Bürgerrechten ausgeschlossen. 1869 fand der erste Gottesdienst in einem Privathaus an der Ecke Berger Straße/Wiesenstraße statt. Erst in den Gründerjahren und mit der aufkommenden Industrialisierung kamen die „Fulder = katholische Gastarbeiter" aus der Rhön und hessischen Mittelgebirgsregionen nach Bornheim. So entstand 1871 eine Notkapelle in einer ehemaligen Malerwerkstatt. Doch der Zustrom der Katholiken nahm stetig zu, sodass 1877 und 1932 Neu- beziehungsweise Erweiterungsbauten an der Berger Straße entstanden. Die Bornheimer waren pragmatisch veranlagt. Da der Kirchenbetrieb nicht unterbrochen werden sollte, wurde 1932 kurzerhand die alte Kirche in den Neubau integriert und zum Schluss der Bauphase nur noch eine Wand zwischen beiden Bauteilen entfernt. Teile der alten Kirche wurden so kurzerhand zum Chorraum der neuen St. Josefkirche umgewandelt. So haben die „zwei Kirchen in einer Kirche" auch zwei Grundsteine aus den Jahren 1875 und 1931.

Der imposante Erweiterungsbau entstand nach den Plänen der Architekten Hans und Christoph Rummel und gehört zur frühen Moderne Frankfurts. Den Kirchturm und das ehemalige Josefsheim (heute Weltladen) verbindet ein dreibogiger Anbau mit Durchgang zum Pfarrgemeindesaal und zum Pfarrhaus in der Eichwaldstraße. Der Pfarrgarten, den Pfarrer Michael Metzler für alle Bornheimer öffnen ließ, ist eine kleine Oase und zählt zu den Lieblingsplätzen des Autors. St. Josef ist kein sakraler Prunkbau, doch dank der Sammelleidenschaft des Stadtpfarrers Münzenberger kamen auch die Josefiner zu einigen Prunkstücken, wie dem Hochaltar und dem Maria-Schlaf-Altar. Durch Kriegs- und Altersschäden sind heute nur noch Fragmente der Altäre aus der Gotik erhalten. Der Bornheimer Bildhauer Joseph Schnitzer restaurierte die Altäre und schuf auch das alte Missionskreuz sowie die Pieta im Stile alter Meister.

Ort/Kontakt: Berger Straße 135, Pfarrbüro Eichwaldstraße 41, Tel.: (069) 94 33 220, www.stjosef-bornheim.de.

Bürgerhaus Bornheim: Das Saalbau-Flaggschiff

Das Haus mit seinem Glaskuppeldach über dem Foyer, dem großen Saal für 780 Personen, Klubräumen, Restaurant, Tiefgarage sowie integrierter Stadtteilbibliothek und Zentraler Kinder- und Jugendbibliothek gilt als schönstes Frankfurter Bürgerhaus. Der Entwurf für den roten Klinkerbau stammt von den Architekten Unglaub und Horvath, die den 1. Preis des 1979 ausgelobten Wettbewerbs gewannen. Der Spatenstich erfolgte 1981 auf dem ehemaligen Gelände der Holzhandlung der Gebrüder Balthasar und Philipp Helfmann, die die Weltfirma Hochtief gründeten. Zum 125-jährigen Bestehen der Saalbau GmbH wurde am 10. März 1984 offiziell das Bürgerhaus durch Oberbürgermeister Walter Wallmann den Bornheimern übergeben. Doch inoffiziell feierte schon eine Woche vorher der Bornheimer Karnevalsverein Stutzer im großen Saal Fassenacht. Jährlich finden hier etwa 3.000 Veranstal-

Flohmarkt im Saalbau Bornheim

tungen aller Art mit circa 140.000 Besuchern statt. 1986 tagte hier sogar eine Woche die sozialistische Fraktion des Europäischen Parlaments unter dem Fraktionsvorsitzenden Rudi Arndt.

Das Restaurant im Saalbau Bornheim bietet bürgerliche Küche mit kroatischen und internationalen Spezialitäten und übernimmt auch den Service bei Festlichkeiten im Bürgerhaus, Tel. (069) 94 41 98 16.

Stadtteilbibliothek Bornheim: Im ersten Stock befindet sich die Stadtteilbibliothek Bornheim. Sie verfügt über 31.500 Medien modernster Art sowie über 10.000 Romane für Jugendliche und Erwachsene.

Zentrale Kinder- und Jugendbibliothek (KiBi): Im Erdgeschoss des Gebäudes ist die KiBi für ganz Frankfurt, mit einem umfassenden kindgerechten Medien- und Betreuungsangebot.
Öffnungszeiten der Bibliotheken: Di.-Fr. 13.00-19.00 Uhr, Sa. 11.00-14.00 Uhr.
Ort/Verkehrsanbindung: Arnsburger Straße 24/Saalbau Tel. (069) 94 34 03 10/U 4, Station Höhenstraße.

Der Burgblock und das Wertheim'sche Vereinshaus

Im Jahre 1890 wurde die Aktienbaugesellschaft für kleine Wohnungen (ABG) gegründet, um die Wohnungsnot abzumildern. Anfangs wurde der ABG vorgeworfen, dass sie durch ihre gemeinnützige Bautätigkeit und günstigen Mieten der Wirtschaft schade. Erst durch die stadtplanerische Vision und das Durchsetzungsvermögen von Oberbürgermeister Franz Adickes gewann die ABG an Bedeutung als kommunales Instrument städtischen Wohnungsbaus. Bereits ein Jahr nach Gründung der ABG wurden in der Burgstraße die ersten drei Wohngebäude fertiggestellt, die auch Familien der Unterschicht ein menschenwürdiges Wohnen ermöglichten. Die Wohngebäude galten europaweit als fortschrittlich. In vier Geschossen pro Haus waren 16 Wohnungen untergebracht, die teils eigene Toiletten statt der üblichen Gemeinschaftstoiletten im Trep-

Das „Jos. Wertheim'sche Vereinshaus"

penhaus hatten. Hauptraum war die Wohnküche mit einem Kochofen, der in der Zwischenwand angebracht war und gleichzeitig zwei Zimmer beheizte. 1996 ging die ABG in die ABG Frankfurt Holding über.

Alte Wertheim-Tafel wird wieder angebracht

In direkter Nachbarschaft befand sich die 1868 von Joseph Wertheim gegründete Nähmaschinenfabrik, die 1891 zu den größten des Kontinents zählte. Der Stadtverordnete und ABG-Aufsichtsrat stiftete das „Jos. Wertheim'sche Vereinshaus" mit Arbeiterbibliothek im Burgblock. Die Nazis entfernten die Steinplatte „Jos. Wertheim'sche Vereinshaus", da Wertheim jüdischstämmig war, und ersetzten sie durch eine andere mit der Inschrift „Vereinshaus". Auf Initiative des „Bürgerverein und Förderkreis historisches Bornheim" wurde 2007 in Anwesenheit von Nachfahren Wertheims eine neue Tafel mit der alten Inschrift wieder feierlich angebracht.

Ort: Eingang Burgstraße 85/Eichwaldstraße 80.

Vom katholischen Depot zum Campo

Am 10. April 1899 fuhr die erste elektrisch betriebene Straßenbahn, die die Pferdebahn ablöste, vom Palmengarten nach Bornheim. 1902 nahm das Straßenbahndepot in der Heidestraße, das im Volksmund nur das „katholische Depot" genannt wurde, den Betrieb auf. Sein Spitzname stammt von den Zuwanderern aus den ländlichen katholischen Regionen, die dort meist als Trambahnfahrer, Schaffner oder in der Werkstatt arbeiteten; die Leitung hingegen war evangelisch.

Blick auf den „Camper" von der Heidestraße

Das betagte Depot sollte schon vor Jahrzehnten stillgelegt und durch den neuen Betriebshof Ost ersetzt werden. Doch dessen Bau wurde durch Klagen von Umweltschützern verzögert. 1994 wurde das verwaiste Depot unter Denkmalschutz gestellt. Inzwischen hat sich seine Zukunft zum Guten gewendet und es entstand Deutschlands größtes innerstädtisches Passivhausprojekt mit 140 Miet- und Eigentumswohnungen und Quartiersgarage durch die ABG Frankfurt Holding auf dem neuen „Campo“.

Aus der ehemaligen Wagenhalle wurde ein Supermarkt und die Straßenbahner-Toilette zur Bäckerei mit Bistro. Auf der Fassade des Neubaus in der Rendeler Straße ist der Umriss der ehemaligen Schweißerhalle stilisiert. Eine neue Wegebeziehung durch den Campo verbindet nun auch die Gronauer Straße und die Heidestraße. Das Projekt, bei dem ökologischer Stadtumbau und Denkmalschutz hohe Priorität hatten, wurde vom Bundesministerium für Verkehr, Bau und Stadtentwicklung ausgezeichnet und auch der Rewe-Markt zu einem der schönsten SB-Märkte Deutschlands gekürt.
Ort: Heidestraße 141-147.

Fünffingerplätzchen: Ausruhen und Knabbern

Dort, wo sich in alter Bornheimer Zeit der südliche Dorfeingang mit dem Schlagbaum befand, ist heute ein kleiner unscheinbarer Platz mit Bäumen und Bänken, den die Bornheimer liebevoll Bornheimer Fünffingerplätzchen nennen. Den Unterarm bildet die Berger Straße und die fünf Finger Heidestraße, Rendeler Straße, Berger Straße, Löwengasse und Ringelstraße. Die Obrigkeit im

Das Bornheimer Fünffingerplätzchen

Frankfurter Römer sperrte sich gegen die Ortsbenennung, da es bereits in der Altstadt ein Fünffingerplätzchen gab. Doch die „Bernemer Eckeköpp“ siegten durch Beharrlichkeit.

Nach mehrmaligen Vorstößen des Bürgervereins und Förderkreis historisches Bornheim wurden endlich am 18. Mai 2000 in Form eines kleinen Volksfestes die langersehnten Schilder „Bornheimer Fünffingerplätzchen“ angebracht und die Ortsbezeichnung im Stadtplan eingestellt. Vereinsvorstand Ludwig Cron bezahlte die Schilder aus eigener Tasche, die Mundartdichterinnen Anneliese Brustmann und Leni Hermann hatten zu diesem Ereignis extra Gedichte verfasst und Bäckermeister Klaus Denninger servierte frisch gebackene Fünffingerplätzchen zum Knabbern.

Am Bernemer Mittwoch, dem Höhepunkt der Kerb, und dem noch recht jungen Bornheimer Weinfest wird der kleine Platz zum Zentrum Bornheims oder – wie es Rudolf Streitenberger bereits 1952 formulierte – zum „Dohr zur Welt“.

Der Luisenhof ist heute Sitz der FES

Der Luisenhof: Die Freifrau und die Kerschelbauern

Auf Initiative von Louise von Rothschild entstand in den Jahren 1864-1866 nach dem Entwurf des Architekten Heinrich Burnitz ein landwirtschaftlicher Musterbetrieb an der Weidenbornstraße. Das Gebäudeensemble des großflächigen Areals bestand seinerzeit aus Wohn-, Wirtschafts- und Verwaltungsgebäuden, Ställen, einer Spirituosen-Brennerei und einem „Milchzimmer“. Denn der Hof war für seine Milchwirtschaft bekannt und trug deshalb auch den Beinamen „Rothschild'sche Meierei“. Nach dem Tod von Mayer Carl von Rothschild, dem Ehemann Louises, wurde der Luisenhof von der Stadt Frankfurt erworben und 1899 zum städtischen Fuhrpark umgebaut. Nun nahmen die „Kerschelbauern“, so alt-frankfurterisch für die Bediensteten der Stadtreinigung, vom Luisenhof Besitz. Aus dem ehemaligen Amt für Abfallwirtschaft wurde 1996 die Frankfurter Entsorgungs- und Service GmbH (FES), die noch heute dort ihren Sitz hat.

Von der alten Bausubstanz ist noch das „Herrenhaus“ vorhanden, das seit der Betriebshofsanierung in den Jahren 2000 bis 2003 in neuem Glanz erstrahlt. Besonders gelungen sind auch die Grünanlagen, die nach historischem Vorbild wieder angelegt wurden – wie der baumumsäumte Platz mit Wasserbecken und Fontäne vor dem Herrenhaus oder der kleine Park dahinter. Seit 1988 erklingt auch wieder dreimal täglich die Glocke vom Glockenturm des Herrenhauses. Nach einer klangfarbigen Meinungsverschiedenheit mit einem Pfarrer der nahen Johannisgemeinde schlagen die Glocken des dortigen Kirchturms bereits um 11.59 Uhr und das FES-Glöckchen um 12.01 Uhr.

Ort/Verkehrsanbindung/Kontakt: Weidenbornstraße 40, Bus 34, Haltestelle Weidenbornstraße, www.fes-frankfurt.de.

Die Friedberger Warte: Schwerter zu Zapfhähnen

An der höchsten und nordöstlichsten Stelle Bornheims trotzt die spätgotische Friedberger Warte heute den blechernen Pendlerströmen. Die 1478 auf dem Eulenberg erbaute Warte gehörte zum Verteidigungssystem der Stadt Frankfurt. Die einzelnen Warten (Bockenheim, Sachsenhausen und andere) waren durch Landwehren, eine den Stadtmauern vorgelagerte Anlage aus Gräben und undurchdringlichem „Gebück“ (Hecken) verbunden. Sie dienten außer der militärischen Verteidigung auch der optischen Abgrenzung des Stadtgebietes. Hier hauptsächlich gegenüber den streitbaren Hanauer Grafen.

Die Warte ist ein burgähnlicher Beobachtungsturm und verfügt über einen Wehrhof mit Küche, Mannschaftsgebäude, Waffenarsenal und Brunnen. Vom Turm aus beobachtete der Wächter die Umgebung und alarmierte bei Gefahr die Stadt, tagsüber mit Fahnen sowie akustischen Signalen und nachts mit Fackeln. Während des Schmalkaldischen Krieges im Jahre 1546 kam es hier zu einem Schar-

Ein Gemälde von A. Radel um 1800

mützel mit kaiserlichen Truppen. Während des Dreißigjährigen Krieges wurde 1634 die Friedberger Warte von Kroaten in Brand gesetzt, aber drei Jahre später wieder aufgebaut. Danach diente sie als Zollstation und Feuerwache, bevor sie seit 1815 gastronomisch genutzt wird.

Ein Ex-Gastwirt war mit Andreas Kolb, dem Inhaber der Frankfurter Senf- und Essigfabrik, befreundet, der den überschüssigen Apfelwein für seine Essigherstellung verwendete. Das heutige Bier- und Apfelweinlokal Friedberger Warte und das gegenüberliegende Hotel gehören zum Internationalen Bund (IB), einem freien Träger der Jugend-, Sozial- und Bildungsarbeit. Nach dem Abriss der ehemaligen Wehrmachtskasernen und späteren US-Housing Areas wurden die Neubaugebiete „New Atterberry, New Betts, Am Wasserpark“ errichtet, die sich um die Friedberger Warte gruppieren und einen neuen Siedlungskern bilden.

Ort/Verkehrsanbindung: Friedberger Landstraße 414. Buslinien 30 und 34 bis Haltestelle „Friedberger Warte“ oder U5 bis Haltestelle Gießener Straße und 5 Minuten Fußweg.

Mitten im Dorf: Unser Zwibbelkerch

Die evangelische Johanniskirche im alten Dorfkern wird wegen der barocken Zwiebelform ihres Turmes nur „Zwibbelkerch“ genannt. Sie gilt als bedeutender Sakralbau des 18. Jahrhunderts und übertrifft in Form und Dimension sämtliche Frankfurter Dorfkirchen. Weit sichtbarer Blickfang ist der Turm, der von einer Wetterfahne in knapp 50 m Höhe geschmückt wird und das Kirchenschiff um mehr als das Doppelte überragt. Bemerkenswert ist auch die virtuose schiefergedeckte Dachkonstruktion.

Johanniskirche und Turmstraße

Blitzschlag & U-Bahn-Bau: 1753 wurde die Kirche eingeweiht, die auf den Grundmauern einer erstmals 1261 erwähnten Kirche steht. 1776 wird sie durch Blitzschlag zerstört. Der Wiederaufbau in ihrer heutigen Form erfolgt in den Jahren 1778/1779 nach Plänen des Stadtbaumeisters Johann Andreas Liebhardt. 94 Jahre später wurde sie erstmals renoviert; dabei wurde die Orgel verlegt und sie erhielt die Nordtreppe zur Empore. 1896 wurde die Kirche nochmals vollständig renoviert und nach ihrem Schutzpatron Johannes benannt. Während des Zweiten Weltkrieges wurde sie durch Bomben beschädigt und 1948 nach der Beseitigung der Kriegsschäden wieder eingeweiht. Im Zuge des U-Bahn-Baus, die U-Bahn-Röhre verläuft unter dem Kirchgarten, kam es zu Grundwasserabsenkungen, in dessen Folge sich der Kirchturm neigte. Deshalb mussten 1978-1980 Kirchenschiff und Turm saniert werden. Dabei wurden beide Bauteile getrennt und mittels Betonpfählen im Untergrund abgefangen. Der Abschluss der Turmrenovierung und die Installierung von zwei neuen Glocken erfolgte 1994. 2008 kam die neue Orgel.

Engel & Evangelisten: Der hölzerne Kanzelaltar mit seinen korinthischen Säulen, Engelfiguren und Kruzifix ist typisch für protestantische Kirchen der Barockzeit. Er wurde 1779 von dem Bildhauer Aufmuth und dem Schreiner Dietz geschaffen. Die Glasfenster stellen die Symbole der Evangelisten dar; sie wurden 1896 gestaltet und 1948 erneuert. Im Mittelgang liegt auf einem Holzbock eine Plastik des Bildhauers Friedhelm Welge, sie stellt den Torso eines leidenden Menschen dar und wurde aus dem Stein eines Abbruchhauses der Berger Straße gemeißelt. Auf der Empore befindet sich die neue Orgel aus dem Jahre 2008, die von der Berliner Orgelbaufirma Karl Schuke gebaut wurde.

Luthereiche & Moloch Autobahn: Im Kirchgarten erinnert eine Skulptur an die Gefallenen des Ersten Weltkrieges und in der Kirchenaußenwand sind verschiedene Grabplatten eingelassen. Zum 400. Geburtstag Martin Luthers wurde 1883 eine Luthereiche gepflanzt und mit einem Gedenkstein versehen. Eine 1984 gepflanzte Linde ist ein Symbol für „den pfleglichen Umgang mit der Schöpfung" und erinnert an den jahrelangen Kampf des Kirchenvorstandes gegen den Autobahnbau im Osten Frankfurts („Aktion Moloch Autobahn").
Ort/Kontakt: Große Spillingsgasse, Gemeindebüro Turmstraße 21, Tel.: (069) 94 54 78 14, www.wir-in-bornheim.de.

Der Hohe Brunnen: Wahrzeichen & Wasserspender

Am 9. Dezember 1827 wurde der lang ersehnte Hohe Brunnen in der oberen Berger Straße als Bestandteil der

Irisch-Bornheimer Gemütlichkeit am Hohen Brunnen

kommunalen Trinkwasserversorgung den Bornheimern übergeben. Heute, wo wir oft gedankenlos den Wasserhahn aufdrehen und fast unbegrenzt Trinkwasser erhalten, ist man sich der Nöte des Jahres 1827 nicht mehr bewusst. Vor dem Brunnenbau waren die Bornheimer völlig unzureichend mit einwandfreiem Trinkwasser versorgt, denn nur wenige Gehöfte hatten Tiefbrunnen. Bei der feierlichen Einweihung hielt Schultheiß Rühl, der sich nebst Gemeinderat und Beigeordneten am Hohen Brunnen in metallenen Lettern verewigen ließ, eine Rede und die Schuljugend bekam Brezeln sowie, zum Grauen heutiger Pädagogen, ein Glas Wein gereicht. 1877 wurde der Hohe Brunnen, in Erfüllung des Eingemeindungsvertrags, an die Vogelsberger-Quellwasserleitung angeschlossen.

Struwwelpeter & Bornheim: Der Entwurf des obeliskförmigen Brunnen aus Mainsandstein stammt von dem Frankfurter Wasser-, Wege- und Brückenbauinspektor Philipp Jacob Hoffmann und dem Stadtbaumeister Johann Georg

Christian Hess. Philipp Jacob Hoffmann ist der Vater von Heinrich Hoffmann, dem Arzt und Leiter der „Irrenanstalt am Affenstein“, der weltweit als Autor des Struwwelpeters bekannt wurde. Auch Heinrich Hoffmann hatte eine Beziehung zu Bornheim, er war hier zeitweise als Armenarzt tätig und versorgte kostenfrei mittellose und bedürftige Kranke.

Doppeljubiläum 2027: Im regelmäßigen Abstand von 25 Jahren feiern die Bornheimer heftig das Doppeljubiläum zur Inbetriebnahme des Hohen Brunnens und der 50 Jahre später erfolgten Eingemeindung. Das nächste Doppeljubiläum steht also 2027 an und vielleicht werden dann chronologisch die Namen der Ortsvorsteher seit 1972 in metallenen Lettern an dem Wahrzeichen verewigt.
Ort: Berger Straße 253/255.

Das Fachwerkhaus Alt-Bornheim

Ebbelwoi in der Babbelallee

Nach dem alten Denkmalschutzrecht gab es nur fünf Objekte in Bornheim in der höchsten Kategorie, eines davon ist das alte Fachwerkhaus in der Straße Alt Bornheim 11, früher Löbersgasse.

Das zweigeschossige Haus aus dem 18. Jahrhundert mit dem Satteldach und dem Giebel zur Straße hin ist reich an den verschiedensten Fachwerkformen. Es gehörte zur Gesamtanlage eines typischen kleinteiligen fränkischen Gehöfts mit anschließenden Stallungen, Scheune und Bauerngarten im rückwärtigen Bereich, wie sie meist in Bornheim üblich waren. Die charmante Gänseplastik über dem Giebelfenster stammt nicht aus dem 18. Jahrhundert, sondern aus dem 21. Jahrhundert und ist höchstwahrscheinlich „Made in China".

In dem kleinen Erdgeschossraum zur Straßenseite befand sich in früherer Zeit ein Apfelweinlokal, das nur saisonal betrieben wurde, so lange bis das „Stöffche" aus den Äpfeln der eigenen Streuobstwiesen zur Neige ging. Das Lokal wurde im Volksmund „Babbelallee" genannt, weil hier anscheinend viel „gebabbelt" wurde, und es war gleichzeitig eine humoristische Anspielung auf die Pappelallee zwischen dem lustigen Dorf und Frankfurt.

Ort: Alt Bornheim 11.

Schultheißenwohnung mit ganzjähriger Sonne

Das ehemalige Rathaus und das Gasthaus „Zur Sonne" in der oberen Berger Straße entstanden um 1750. Die beiden barocken zweigeschossigen Gebäude mit ihren Satteldä-

Das ehemalige „Rathaus" und die „Sonne"

chern sind das schönste noch existierende Fachwerkhausensemble in Bornheim.

Wobei das als Rathaus bezeichnete Gebäude nie das eigentliche Bornheimer Rathaus war, sondern das Stammhaus und „Ökonomiegebäude" der Familie Rühl, die mehrere Bornheimer Schultheißen stellte. Mit seinen stilechten Türen und Fensterläden war dieses Haus schon immer ein Schmuckstück und spiegelte damit auch die Bedeutung der Familie wider. Das Haus ging in den Besitz der Stadt Frankfurt über und sollte eine kommunale Galerie sowie ein Büro für den 1972 ins Leben gerufenen Ortsbeirat werden. Doch dann wurde es in Eigentumswohnungen umgewandelt und die Bornheimer erhielten ihr Bürgerhaus in der Arnsburger Straße.

Das Gasthaus „Zur Sonne" wurde von dem Gastwirt Valentin Reineke erbaut. 1768 nahm es den Gastbetrieb auf und wechselte im Laufe der Jahrhunderte mehrfach die Besitzer, es war aber im Gegensatz zu den zahlreichen

Heckenwirtschaften mit Apfelweinausschank eine Gaststätte, die auch Bier und warme Mahlzeiten anbieten durfte und somit einer höheren gastronomischen Kategorie angehörte. Zu dem Areal gehören auch Nebengebäude und ein großer Wirtsgarten mit Schatten spendenden Bäumen und einer ehemaligen überdachten Kegelbahn. In den Jahren 1868 bis 1875 diente ein Teil des Wirtsgartens den Turnern der Turngemeinde Bornheim als Turnplatz für ihre Leibesübungen, da sie noch keine eigene Turnhalle besaßen.
Ort: Berger Straße 312 und 314.

Der Lange Hof: Wiege der Bornheimer Vereine

Der „Lange Hof" in der oberen Berger Straße ist keine denkmalgeschützte Sehenswürdigkeit, sondern ein Bei-

Der „Lange Hof", Gemälde von Heinz Böttger

spiel für den aktiven Einsatz von Bürgern für ein Stück Bornheimer Heimat.

Der Name entstammt dem Volksmund wegen seiner Grundstücksform. 1642 waren hier die erste Bornheimer Brauerei und später Gastwirtschaften sowie landwirtschaftliche Betriebe, die im Laufe der Jahrhunderte häufig die Besitzer wechselten. Bekannte Gaststätten hießen „Zu den drei halben Monden" oder nach einem Eigentümer „Pfannenkuchen-Hofmann" mit der Gaststube „Dickworzkaut". Im Langen Hof fand ein reges Vereins- und öffentliches Leben statt. 1840 wurde hier der Bornheimer Musikverein, 1890 der Bornheimer Bezirksverein, der heute den Namen Bürgerverein und Förderkreis historisches Bornheim trägt, und weitere Vereine gegründet. Er ist viele Jahre Standort des Kerwebaums und Kerwetreibens.

1905 erwirbt die Stadt das Areal, um die Berger Straße zu erweitern und die Große Spillingsgasse bis zur „Weißen Erde" zu verlängern. Doch dieser Plan wird nie umgesetzt. Der Bürgerverein und Förderkreis historisches Bornheim hatte sich den Erhalt sowie eine sinnvolle und gemeinnützige Nutzung des historischen Areals auf die Fahne geschrieben, er organisierte Unterschriftenaktionen, ein Hof-Fest und intervenierte bei Ortsbeirat, Stadtverordnetenversammlung und Hessischem Denkmalschutz. So wurde 2004 eine Zukunftswerkstatt unter breiter Beteiligung installiert, die ein Ergebnis erarbeitete, das als Vorgabe zur Bebauung diente und von der KEG (Konversionsgrundstücks-Entwicklungs-Gesellschaft) umgesetzt wurde. 2009 bezogen dann die ersten neuen Bewohner den Langen Hof. Die Schaffung einer Wegebeziehung durch das Areal zur Inheidener Straße steht noch aus sowie die in der Zukunftswerkstatt festgelegte gemeinnützige Teilnutzung.

Ort: Berger Straße 326.

Neue Sachlichkeit: Die Siedlung Bornheimer Hang

Die Siedlung Bornheimer Hang ist eine Wohnsiedlung und entstand in den Jahren 1926-30 im Rahmen des Wohnungsbauprojektes „Neues Frankfurt" unter der Leitung des Architekten und Stadtbaurates Ernst May. Die Gestaltung der Grünanlagen stammt von Max Bromme. Im Gegensatz zu fast allen anderen May-Siedlungen handelte es sich hier um eine Erweiterung des Bornheimer Ortskerns und nicht um eine Trabantenstadt. Bauherr war die Aktiengesellschaft für kleine Wohnungen. Die Siedlung umfasst über 1.500 Wohnungen in Ein- und Mehrfamilienhäusern, die mit der „Frankfurter Küche" der Architektin Margarete Schütte-Lihotzky ausgestattet waren.

Zentrale Achse der Siedlung ist die Wittelsbacherallee ab der Saalburgallee, deren breite Straßenanlage beidseitig von drei- und viergeschossigen Wohnblöcken gerahmt wird. Von ihr zweigen nach Nordwesten einzelne Wohnstraßen ab (Pestalozzistraße, Florstädter Straße, Inheidener Straße, Ortenberger Straße). An der Südostseite zwischen Wittelsbacherallee und Saalburgallee ist ein Wohnblock, in dessen Inneren eine niedrige und kleinteilige, von Grünflächen durchzogene Architektur dominiert (Karl-Albert-Straße, Karl-Flesch-Straße).

Heilig-Kreuz-Kirche: Markantestes Einzelgebäude ist die Heilig-Kreuz-Kirche an der Kettelerallee, die von Martin Weber entworfen wurde und in Stahlskelettbauweise mit einem flachen Satteldach ausgeführt wurde. Weber bezeichnete sie als Hangkrone, da sie vom Riederwald betrachtet den Bornheimer Hang krönt. Am Turm sind vier geflügelte Tierfiguren mit den Köpfen von Mensch,

Löwe, Stier und Adler angebracht, die die vier Evangelisten Matthäus, Markus, Lukas und Johannes symbolisieren. Seit 2007 wird sie nicht mehr als Pfarrkirche, sondern als Zentrum für christliche Meditation und Spiritualität des Bistums Limburg genutzt.

Jugendhaus, Ladenzeile und Reformschule: Zur Siedlung gehört auch das Jugendhaus Bornheim in der Ortenberger Straße. An der Wendeschleife der Straßenbahnhaltestelle „Ernst-May-Platz“ befindet sich eine Ladenzeile, die sich im originalgetreuen Aussehen präsentiert. Die Charles-Hallgarten-Schule, ehemals Reformschule, unterhalb des Bornheimer Hangs wurde von Ernst May entworfen und als sogenannte Freiflächenschule im Dreieck zwischen Bornheim, Seckbach und Riederwald angelegt.
Ort & Info: Im Areal Löwengasse, Falltorstraße, Buchwaldstraße, Ketteleralle, Wittelsbacherallee, Saalburgallee, Andreaestraße. Ernst-May-Gesellschaft Frankfurt: www.ernst-may-museum.de.

Inheidener Straße von Norden

Bornheims grüne Lungen

Frankfurt ist umschlossen von den waldreichen Mittelgebirgen Taunus, Vogelsberg, Spessart und Odenwald und besitzt selbst den größten Stadtwald Deutschlands. Zahlreiche Kleingartenkolonien und Naherholungsflächen rings um den Stadtkern mit seiner Skyline bilden als Bestandteile des Frankfurter „GrünGürtels“ die grüne Lunge der Mainmetropole. Die Vereinten Nationen zeichneten 1996 den GrünGürtel als positives Beispiel für nachhaltige Stadtentwicklung aus. Wer im Anflug auf Fraport aus dem Flugzeug schaut oder von der Aussichtsplattform des Maintowers seinen Blick rundum schweifen lässt, wird gewahr, dass es sich hier um keine Betonwüste, sondern um eine grüne Stadt handelt.

Vom Uhrtürmchen, dem Herzen Bornheims, ist man beispielsweise fußläufig in wenigen Minuten im Günthersburgpark. Von dort durchläuft man Kleingärten, erreicht den Wasserpark, kann den Bornheimer Friedhof queren und gelangt durch weitere Kleingartenanlagen in den Huthpark und weiter auf den Lohrberg, wo noch Wein angebaut wird und man einen erhebenden Blick über Frankfurt hat. Einziger Wermutstropfen auf dieser Wanderung ist die Autobahn 661, die den GrünGürtel zerschneidet und Teile Bornheims mit Lärm und Feinstaub überzieht. Die Einhausung der A 661 zwischen Friedberger Landstraße und Riederwald, die viele Bürger berechtigterweise fordern, könnte diesen Mangel beheben.

Eine weitere Wanderung führt durch den Ostpark, den Riederwald, das Enkheimer Ried bis ins ehemalige Fischerdorf Fechenheim. Selbst viele alte Bornheimer kennen die zahlreichen idyllischen Winkel nicht. Jedes

Jahr beim Volkswandertag „Rund um Bornheim“, der vom Vereinsring Bornheim und seinen Mitgliedervereinen organisiert wird, kann man überraschende Entdeckungen machen.

Günthersburgpark: Der grüne Klassiker

Wo sich heute der Günthersburgpark befindet, weideten im Jahre 1189 Ochsen, deshalb lautete die Flurbezeichnung „Ossenau“. An gleicher Stelle stand von einem Wassergraben umgeben die „Bornburg“. Im Laufe der Jahrhunderte wechselten häufig die Besitzer. So kaufte 1690 der Gastwirt und kaiserliche Kriegskommissar Johann Jakob Günther die Burg.

1837 erwarb Carl Meyer von Rothschild die Burg und umliegende Grundstücke und ließ das Gelände von Stadtgärtner Sebastin Rinz in einen englischen Landschaftsgarten umwandeln. 1855 ging der Besitz an Mayer Carl von Rothschild über, der die Günthersburg abreißen und von

Das „weiße Schlösschen“ der Rotschilds

Das Sprühfeld von Reiner Uhl lockt die kleinen Bornheimer an

dem Architekten Friedrich Rumpf ein Palais im klassisch-römischen Stil erbauen ließ, das die Bornheimer als „weißes Schlösschen“ bezeichneten. Es diente den Rothschilds, die ihren Hauptwohnsitz am Untermainkai hatten, als Sommerresidenz. In dem Schlösschen hing einige Jahrzehnte das bekannte Gemälde „Goethe in der Campagna“ von Johann Heinrich Wilhelm Tischbein, das heute im Städel Museum zu bewundern ist. In unmittelbarer Nachbarschaft entstand nach dem Entwurf des Architekten Heinrich Burnitz ein landwirtschaftlicher Musterbetrieb, den Louise von Rothschild als „persönliches Hobby“ unterhielt. Auf dem Areal des Louisenhofes ist heute die Frankfurter Entsorgungs- und Service GmbH (FES).

Die Orangerie erinnert an die Rothschilds: Nach dem Tod von Mayer Carl von Rothschild erwarb die Stadt den

Park. Testamentarisch verfügt wurde das Schlösschen abgerissen und der Park nach Plänen des Stadtgärtners Andreas Weber in einen „Volksgarten für die öffentliche Nutzung" umgestaltet. Am 26. Juni 1892 öffneten sich die Pforten für alle Bornheimer. Einziges Relikt ist die ehemalige Orangerie, die ab 1950 als „Gnadenkirche" von der evangelisch-reformierten Gemeinde genutzt wurde und seit einigen Jahren zusammen mit dem ehemaligen Pfarrhaus dem Deutschen Kinderschutzbund als Beratungs- und Veranstaltungsort dient. Die Platanenallee vor der Orangerie ist beliebter Treff der Boulespieler.

Kinderfavoriten: Hauptattraktion für die kleinen Parkbesucher, neben den Spielplätzen, ist in der warmen Jahreszeit das 1985 geschaffene Sprühfeld des Frankfurter Bildhauers Reiner Uhl. Zwei weitere Kunstwerke, die Bronzeplastiken „Der Sämann" des belgischen Künstlers Constantin Meunier (1831-1905) am Südwesteingang und der Stier von Fritz Boehle (1873-1916), fallen öfters Sprayern zum Opfer.

Da der Günthersburgpark aus allen Nähten platzte, wurde er im Norden erweitert, wofür die ehemalige Stadtgärtnerei weichen musste. In dem 7,42 ha großen Park herrscht absolutes Hundeverbot. Für die Besucher gibt es ein Café mit Sommergarten. Kaum beachtet ist der Goethe-Ginko, der den Gästen des Cafés Schatten spendet. Am nordwestlichen Rand in der oberen Wetterauer Straße ist der pädagogisch betreute Abenteuerspielplatz Günthersburg, der zum Verein Abenteuerspielplatz Riederwald gehört und jedes Jahr Tausende Kinder zu allen möglichen Veranstaltungen anlockt.

Verkehrsanbindung: Haltestellen Günthersburgpark und Hartmann-Ibach-Straße der Straßenbahnlinie 12.

Wasserpark mit Bienenvölkern

Vom nördlichen Ausgang des Günthersburgparks erreicht man in wenigen Minuten den Wasserpark zwischen Friedberger Landstraße und Dortelweiler Straße. Er ist seit 2002 im Besitz der Hessenwasser GmbH & Co KG. Mit seiner Hügellandschaft und dem altem Baumbestand ist er nicht nur einer der ältesten öffentlichen Parks Frankfurts, sondern auch einer der beschaulichsten. Der 3,4 ha große Park entstand 1873 durch die Inbetriebnahme der 66 Kilometer langen Quellwasserleitung aus dem Vogelsberg und diente der Wasserversorgung der rasant wachsenden Bevölkerung. In der Unterwelt des Wasserparks befinden sich Hochbehälter, die insgesamt 25.450 m^3 Frischwasser fassen. Die Industriearchitektur der Zweckbauten ist im Stil der Neorenaissance gestaltet. Die Gebäude verfügen über schmiedeeiserne Tore, die mit Löwenköpfen verziert sind. Das 1901 errichtete Pumpenhaus ist heute nicht mehr in Betrieb.

Honig direkt vom Imker

Tipp: Honig aus Bornheim: Eine besondere Attraktion im Wasserpark ist der 1880 eingerichtete Bienengarten, der von den „Wasserparkimkern“ betrieben wird. In einem Radius von etwa drei Kilometern suchen die Bienen die Grundlage für den Honig in den benachbarten Friedhöfen, Parks und Kleingärten. Der leckere naturbelassene Honig ist samstags von 14.00-17.00 Uhr direkt von den Imkern erhältlich. Alljährlich findet im Sommer ein Tag der offenen Tür statt. Führungen durch den Bienengarten, besonders für Kindergärten und Schulklassen, werden von April bis September angeboten. Kontakt: Dr. Gerd Jaritz, Tel. (069) 62 49 66.
Verkehrsanbindung: Bus 34 bis Haltestelle Bornheimer Friedhof. Der Parkeingang ist direkt gegenüber. Von der Haltestelle Friedberger Warte der Buslinie 30 sind es ca. 6 Minuten Fußweg.

Der Bornheimer Friedhof

Der Kirchhof der Johanniskirche an der Großen Spillingsgasse diente als erster Bornheimer Friedhof. In der Außenmauer der Barockkirche sind alte Grabplatten eingelassen, wie die des ehemaligen Bornheimer Schultheißen Phillip Adam Rühl, die an den Gottesacker erinnern. Auf dem zweiten Friedhof „Auf dem Stichel“, wo heute das Sozialrathaus in der Eulengasse steht, fand 1761 die erste Beerdigung statt. Doch auch hier wurde es nach 6.117 Beerdigungen zu eng und so wurde 1851 der neue Bornheimer Friedhof in der Dortelweiler Straße 104 eröffnet.

Die Trauerhalle ist ein einfacher Zweckbau, aber bei vielen Trauerfeierlichkeiten zu klein ausgelegt. Wie auch der gesamte Friedhof, der mittlerweile mehrfach erweitert wurde, so unter anderem 2003 um ein „Feld der Ungenannten“ (Gewann H). Der Bornheimer Friedhof macht sich gegenüber dem Frankfurter Hauptfriedhof bezüglich Bauten, Grabdenkmälern und Gestaltung recht bescheiden aus, trotzdem ist er für zahlreiche Besucher eine Oase und ein wichtiger Mosaikstein innerhalb des GrünGürtels.

Ruhestätte von Cefischer und Richard Herrmann: Hier fanden auch Bornheimer Prominente ihre letzte Ruhestätte, so unter anderem: Der Künstler und Schöpfer der Comicfigur Oskar, Carl Fischer, Künstlername Cefischer (1900-1974), sowie sein Sohn Klaus Hein Fischer, Künstlername Fischer-Bernem (1937-2001), der als Bühnenbildner, Illustrator, Cartoonist und Trickfilmer tätig war, Gewann H, Nr. 1571. Der Fußballer und Nationalspieler des Weltmeisterteams von 1954, Richard Herrmann (1932-1962), Gewann B – 592. Der Sozialreformer Prof. Dr. Hans Muthesius (1885-1977), Gewann D, Reihe 5, Nr. 4. Oder die an einen Baum gelehnte Gedenkplatte im Gewann H des „Seckbacher Schaache“, einem Original mit bürgerlichem Namen Johann Eckert (1888-1918). Im Gewann B – 337-339 befindet sich die Grabstätte katholischer Pfarrer von St. Josef und etwas weiter entfernt die Grabstätte der Ordensschwestern des St. Katharinenkrankenhauses, in deren Mitte als einziger Mann Pfarrer Paul Wolf seine letzte Ruhestätte fand.

Der Ostpark: Auf dem Altarm des Maines

Von Bornheim Mitte erreicht man den Ostpark in etwa 10 Minuten zu Fuß. Früher waren hier ein Altarm des Maines und ein Überflutungsgebiet zu Füßen der sogenannten

Die Friedhofskapelle bzw. Trauerhalle

Prallhänge Buchhang und Röderberg. Im Zuge des Osthafenbaus entstand dann in den Jahren 1907-1911 der erste Volks- und Landschaftspark Frankfurts nach den Plänen von Gartendirektor Karl Heicke. Er sollte hauptsächlich als Erholungsort für die Arbeiter des angrenzenden Industriegebiets der Hanauer Landstraße und die Bewohner der Riederwaldsiedlung dienen. Gegen Ende des Ersten Weltkrieges fanden im Ostpark zahlreiche Antikriegs- und Hungerdemonstrationen statt. Die Nationalsozialisten nutzten den großflächigen Park für ihre Aufmärsche und nach dem Zweiten Weltkrieg wurde er in einen großen Kartoffel- und Gemüseacker für die hungernde Bevölkerung umgewandelt.

Der Ostpark ist insgesamt 32,16 ha groß, hat ausgedehnte Wiesenflächen für Spiel und Sport, einen Kinderspielplatz sowie einen 4,67 ha großen Weiher mit einer kleinen Insel an der Stelle des ehemaligen Mainarmes. Die Fußballplätze werden hauptsächlich von dem Fußballverein Olympia 07 genutzt; über viele Jahre auch von den Spontikickern um Daniel Cohn-Bendit. Seit 1986 steht der Ostpark unter Landschaftsschutz. Am Rande des Parks, in Nachbarschaft des Kiosks und des Fußballerheims der 07er ist eine Notunterkunft für Obdachlose.

Bürgergarten und Wildrosenhang: Innerhalb des Ostparks ist der sogenannte Bürgergarten, der 1983 aus dem ehemaligen Hauptschulgarten in nahezu unveränderter Form entstand und ebenfalls einen kleinen Weiher enthält. In unmittelbarer Nachbarschaft des Ostparks liegen die gestalteten Terrassen des Röderberghangs mit Wildrosenhang, die 1928/29 durch den freiwilligen Arbeitsdienst errichtet wurden. Nicht weit davon, zwischen der Ostparkstraße und dem Röderbergweg, ist der Carl-Heike-Weg nach dem erwähnten Gartenbaudirektor benannt.
Verkehrsanbindung: Station Eissporthalle der U 7 und Haltestelle der Straßenbahnlinie 12.

Buchhang und Bornheimer Hang

Nach dem Bau der Ernst-May-Siedlung „Bornheimer Hang“ wird in den Jahren 1927 bis 1930 der unterhalb der Kettelerallee gelegene Hang im Rahmen der Notstandsarbeiten nach den Plänen von Gartenbaudirektor Max

Bromme als Grünanlage erschlossen. Gleichzeitig entsteht eine Kolonie von Dauerkleingärten, die vom „Kleingartenverein Buchhang“ bewirtschaftet wird. Die Grünanlage wird von Wegen und einer Treppe gequert, die zu dem am Fuße gelegenen Fußballplatz des FSV, der Eisporthalle und dem Festplatz Ratsweg führen. Das Stadion trägt heute den Namen „Frankfurter Volksbank Stadion“. Traditionell spricht der Bornheimer aber immer noch vom Stadion am Bornheimer Hang oder vom FSV-Stadion. So wie den Traditionalisten unter den Eintrachtfans, statt Waldstadion, die Bezeichnung „Commerzbank Arena“ schwer über die Lippen kommt. Bei gutem Wetter hat man von der am nördlichen Rand der Grünanlage befindlichen Gaststätte Bornheimer Ratskeller oder von der Heilig-Kreuz-Kirche in der Kettelerallee eine klare Sicht bis zum Spessart.

Der Bornheimer Ratskeller am Hang vor 1930

1994 wurde ein Teil der Grünanlage in Rose-Schlösinger-Anlage umbenannt. Die in Frankfurt geborene Rose Schlösinger (1907-1943) war Widerstandskämpferin der Gruppe „Rote Kapelle“. Sie wurde vom Reichskriegsgericht zum Tode verurteilt und in Berlin-Plötzensee hingerichtet. An ihrem ehemaligen Wohnhaus in der Münzenberger Straße 4 ist eine Gedenktafel angebracht.

Das Rosengärtchen: Geburtsstätte des Fußballs

Vor dem 1908 eröffneten Bethanien-Krankenhaus in der Straße „Im Prüfling“ entstand etwa zeitgleich das Rosengärtchen als kleine innerstädtische Grünfläche. In den Jah-

Rosengärtchen mit Bethanien-Krankenhaus

ren 1926/27 wurde es im Zuge von „Notstandsarbeiten" unter der Leitung von Max Bromme neu angelegt.

Zuvor war auf dem Areal des Krankenhauses und Rosengärtchens der zweite Frankfurter Fußballplatz. Erste Spielstätte war die Hundswiese, nördlich der „Hoffmann'schen Irrenanstalt" am Affenstein, auf dem heutigen neuen Universitätsgelände. Am Rosengärtchen kickten der FSV, der FC Hermania und die Fußballer der Turngemeinde Bornheim. Nachteil: Der Platz war zu einer Seite hin stark abschüssig und der Ball rollte oft selbstständig ins Tor. Das Gelände wurde aber auch als Festplatz für die Kerb und zahlreiche Festivitäten genutzt. Während des Zweiten Weltkrieges wurde ein Löschwasserbecken errichtet und die Anlage tiefer gelegt. Um 1945 wurde das Löschwasserbecken verfüllt.

Im Juli 2010 wurde eine Quartiersgarage unter dem Rosengärtchen eröffnet und der gesamte oberirdische Bereich mit dem Entrée zum Bethanien-Krankenhaus ansprechend neu gestaltet. Eine offizielle Straßen- oder Platzbezeichnung mit dem Namen Rosengärtchen gibt es bis dato nicht und es steht auch nicht unter Denkmalschutz. Trotzdem ist es ein schöner Platz und gehört untrennbar zum Straßenbild Bornheims.

Einkaufen & Einkehren

Apfelweinhochburg Bornheim

Neben Sachsenhausen war Bornheim schon immer eine der Apfelweinhochburgen. Richard Dauenhauer beschrieb im letzten Jahrhundert in einem mehrbändigen Werk die Vielzahl der „Apfelwein- und Heckenwirtschaften in Alt-Bornheim". Ursprünglich war Bornheim ein Weinanbaugebiet und der Wein eine Haupteinnahmequelle. Namen wie Wingertstraße, Rabenwingert (heute Louise-von-Rothschild-Schule) und Im Prüfling (von Pfröpfling) erinnern an diese Zeit. Doch Klimaverschiebung und Reblaus setzten dem ein Ende und die Ära des Apfelweins begann. Die erste urkundliche Erwähnung des Apfelweinkelterns in Bornheim geschah 1715 durch den damaligen Ortspfarrer Walther. Später entstanden große Keltereien und „Ebbelwoi-Dynastien" wie Cornel oder Rackles, die mittlerweile auch Historie sind. Die Apfelwein-Dampf-Kelterei von Johann Georg Rackles war sogar „Königlich Rumänischer, Hohenzollernscher sowie Fürstlich Lipppischer Hoflieferant" und hatte bereits vor 100 Jahren Apfelwein-Sekt und sortenreine Apfelweine im Angebot. Großkeltereien wie Possmann beherrschen heute den Markt. Einige wenige Apfelweinlokale halten heute das Erbe hoch und haben im Gegensatz zur Sachsenhäuser Kneipenszene noch ihre liebenswerte Ursprünglichkeit fernab der Touristenströme bewahrt.

Apfelwein Solzer: Hier lebt Bernem!

1712 eröffnet die Bäckerei und Baumwirtschaft von Johann Georg Neidlinger, die im Laufe der Jahrhunderte

Der Fichtenkranz von Apfelwein-Solzer

häufig Besitzer und Namen wechselt. 1893 erwarb die Familie Solzer den „Nassauer Hof" und betreibt nunmehr in fünfter Generation die Apfelweinwirtschaft gegenüber dem Hohen Brunnen. Wenn man Gastwirt Christian Dressler oder seinen Schwiegervater Karl Solzer auf die alte Zeit anspricht, in der Bornheim saisonales Rotlichtviertel war und auf dem Anwesen ein Bordell betrieben wurde, lächeln sie etwas gequält. Heute hat das Traditionslokal mehr zu bieten, nämlich ein hervorragendes selbstgekeltertes „Stöffche", ein leckeres „Bernemer Schnitzel" oder „Solzer's Kartoffelkloß" gefüllt mit Hausmacher Leberwurst, deftiger Specksoße und Sauerkraut.

Von der Straßenseite, vor dem einst die Endstation der Pferdebahn war, macht das Fachwerkhaus mit seiner Gaststube einen relativ kleinen Eindruck. Doch durch den engen Flur erschließt sich ein schöner Sommergarten mit 300 Plätzen nebst Hubertusstube und Kelterhaus. Hier hatte schon der Dichter Wilhelm Hauff einige Schoppen gepetzt und Zoodirektor Bernhard Grzimek heimlich Sticker für den Tierschutz in der Herrentoilette geklebt.
Ort/Info: Berger Straße 260, www.solzer-frankfurt.de.

Zur Sonne: Eine Oase der Gemütlichkeit
Das Gasthaus „Zur Sonne" besteht seit 1768 und bildet mit dem ehemaligen Rathaus ein hübsches barockes Fachwerkensemble. Schankraum, Kolleg und Nebengebäude sind mit regionalen Bildern und Kunsthandwerk liebevoll ausgestattet und im Winter wohlig von Kaminen beheizt. Der von großen Kastanienbäumen beschattete Sommergarten wird allabendlich mit bunten Lichtern illuminiert und zählt zu den schönsten Frankfurter Apfelweingärten. Die Fahrradabstellplätze im Hof werden gut angenommen.

Die Produkte für die Küche sind aus kontrolliertem Anbau und auch das Fleisch kommt von kontrollierten Bauernhöfen. Den Handkäs' gibt es außer in der traditionellen Musiker-Form auch mit Kürbiskernen und Vinaigrette und das „Bernemer Krabbenröstbrot" mit grüner Soße ist ein Gruß aus Grönland an das coole Bornheim. (Die Historie des Gasthauses wird unter dem Kapitel Sehenswürdigkeiten behandelt).
Ort/Info: Berger Straße 312, www.zursonne-frankfurt.de.

Eulenburg: Hohen-Astheimer und Kellerbesichtigungen
Seit 1852 ist das Apfelweinlokal in Familienbesitz. Das Wohnhaus mit Gaststätte wurde 1899 gebaut, das einst

dazugehörige Fachwerkhaus 1944 zerstört. Heute führt Familie Henze die gastronomische Tradition weiter und in der Küche ist mit Sohn Christoph die sechste Generation vertreten. Neben Frankfurter Nationalgerichten wie Rippchen mit Sauerkraut oder dem Renner „Gebratenes Tatar mit Röstzwiebeln" hat auch Italien mit der „Bernemer Pizza" Einzug auf der Speisekarte gehalten. Das „Stöffche" wird noch selbst gekeltert und aus der Ernte einer selbst gepflegten Streuobstwiese im Vordertaunus verarbeitet. Zum nachgefragten Konkurrenz- und Kultgetränk in der Bornheimer Apfelweinhochburg wurde „Schlappeseppel" aus der Aschaffenburger Brauerei.

In vier Gasträumen mit lustigen Eulensouvenirs finden 200 Gäste Platz und der Sommergarten bietet etwa die gleiche Kapazität. Der 100 Sitzplätze umfassende Raucherraum wird während der „Bernemer Babbelabende" des Bürgervereins und Förderkreises historisches Bornheim allerdings zur rauchfreien Zone, denn wer will schon in rauchgeschwängerter Luft zur Ehre des lustigen Dorfes Mundartlieder schmettern. Als Besonderheit bietet man

Bornheimer Stillleben

Kellerbesichtigungen in der Unterwelt der Eulenburg an, wo es viele interessante Dinge rund um den Apfelwein zu bestaunen gibt.
Ort/Info: Eulengasse 46, www.zureulenburg.de.

Blauer Bock: 50er-Jahre-Feeling & Rindssolber
Die alten Bornheimer bezeichnen das Apfelweinlokal, dessen Interieur mehr einem „50er-Jahre-Museum“ des letzten Jahrhunderts gleicht, nur als „Weida“. Benannt nach Eugen Weida, der 1912 in der oberen Berger Straße mit Apfelwein und Deftigem begann und ein paar Jahre später in die Nähe des Straßenbahndepots wechselte. Mit dem Ehepaar Wolf steht heute die dritte Generation hinter dem Tresen und serviert den deftig-kulinarischen Spitzenreiter „Rindssolber mit grüner Soße“. Der legendäre Rindssolber wurde bereits von einem Lifestyle-Magazin gekürt und Tochter Anja von Frankfurter Apfelweinwirten in den Jahren 1994 bis 1996 zur Apfelweinkönigin.
Ort/Öffnungszeiten: Saalburgstraße 36, Tel.: (069) 45 35 36.

1810: Sittenverfall im Departement

Die Französische Revolution erreichte auch Bornheim. 1796 beschießen die Franzosen von Bornheim aus Frankfurt, dabei brennt die Judengasse ab und die Pappelallee auf der Bornheimer Heide wird zerstört. Im „Goldener Adler“, in der heutigen Gronauer Straße gelegen, wird die Kapitulation Frankfurts unterzeichnet. Kaiser Franz II. dankt 1806 ab. Napoleon macht Erzbischof Karl von Dalberg zum Fürsten des neuen Großherzogtums Frankfurt. Bornheim wird Teil der „Landdistriktmairie Frankfurt“. Die Ära Napoleon bringt außer Fremdherrschaft

Der sozialdemokratische Ordnungsdienst sorgte 1924 für Ordnung in Bornheim

auch Gutes mit sich. Justiz und Verwaltung werden getrennt, der „Code Napoleon“ ersetzt das rückschrittliche Stadtrecht, die Schulen werden verstaatlicht, eine medizinische Hochschule errichtet, Juden den anderen Bürgern gleichgestellt, die wirtschaftliche Entwicklung expandiert und die alten Festungswälle werden zu öffentlichen Anlagen umgewandelt.

Das artige Bornheim? Stadtpfarrer Anton Kirchner schreibt 1810: „Bornheim, ein grösstentheils artig, und in städtischen Geschmack gebauter Ort, mit 209 Feuerstellen, 11 Scheuern, 119 Stallungen, 1881 Seelen und einer lutherischen Pfarrkirche ... hat eine sehr große Gemarkung und ansehnlichen Feldbau, trefflichen Wiesenwachs, Wein- und Obstbau, einen sehr schönen und starken Viehstand. Viele öffentliche Häuser, worunter mehrere artige Gartenanlagen haben, dienen den Frankfurtern zur Belustigung, vorzüglich sonnabends (den Israeliten) und sonntags.“ Doch ganz so artig waren sie doch nicht. Schon öfters hatte sich die Obrigkeit über den Sittenverfall und das lasterhafte Leben der Dorfbewohner beklagt. Der Bornheimer Pfarrer Johann Mitternacht kämpfte schon Jahre zuvor „gegen die Auswüchse der Kürbe“ und erreichte, dass sie mehrfach verboten wurde. Im Departement wurde deshalb eine „Instruction für die Schultheißen“ zur Überwachung der Sitten erlassen.

Sittsames Eheleben: Auf das sittsame Eheleben hatte er „fleißig Acht zu geben … auf Eheleute in Unfrieden und lautwerdendem Zanke oder uneheliches Zusammenleben mit einer andern Person, die Ursache zur Aergerniß oder zum häuslichen Unfrieden giebt; so hat er dem schuldigen Theil vorerst Vorstellungen über sein Betragen zwischen vier Augen zu machen und ihn zur Besserung seines Wandels zu ermahnen“.

Beten statt Bier und Kartenspiel: Der Schultheiß hatte auch darauf zu achten, dass „die Christenlehren am Sonntage fleißig besucht, und unter keinerley Vorwande sich dessen entzogen werde“ und „die Wirthe vor Endigung des Gottesdienstes, keine Gäste und Musikanten aufnehmen“. Die Kontrolle war umfassend und reichte vom Kartenspiel bis zum Gesangsverbot. Es sei „eben so wenig zu dulden, dass an öffentlichen Orten, namentlich in Wirthshäusern, gotteslästerliche, unsittliche, unzüchtige, oder sonst ärgerliche Reden geführt, oder dergleichen Lieder gesungen werden. Er hat sich selbst an Ort und Stelle zu begeben und Stillschweigen zu gebieten … Es ist auch nicht zu gestatten, dass unsittliche und unzüchtige Druckschriften, Lieder und Bilder feilgehalten und verkauft werden“, ebenso „alles Raisonniren an öffentlichen Orten wider die Obrigkeit (und) Glücksspiele auf Borg“.

Sitten anno 2011: 1814, nach dem Ende der Ära Napoleon, wurde wieder das alte Feudalsystem etabliert und die Bornheimer wieder Bürger minderen Rechts, doch die Kerb blieb stets ein Alltagsventil. Dem Schultheißen des Jahres 1810 würde aber heute beim Rundgang durch die Kneipenwelt oder beim Betrachten der Zeitschriftenauslagen in der Berger Straße höchstwahrscheinlich der Herzkasper ereilen.

Kneipen und Restaurants satt!

Entlang der drei Kilometer Berger Straße und ihrer Seitenstraßen sind zahlreiche Gaststätten, die in ihrer Vielfältigkeit das Bild der Stadtgesellschaft widerspiegeln. Sie alle aufzuzählen wäre fast eine Lebensaufgabe. Neben den traditionellen Apfelweingaststätten im nördlichen Teil ist kulinarisch fast die ganze Welt vertreten und die junge Szene mischt sich hier in friedlicher Koexistenz mit gutbürgerlichem Publikum. Nachfolgend ein kleiner Querschnitt.

Die ehemalige Gaststätte „Adler" am Hohen Brunnen

Malepartus: Satt werden im Fuchsbau

Nachdem das Gastwirtsehepaar Welkerling in den Ruhestand ging, war es traurig um den Fuchsbau bestellt. Erst 2000 küsste der holländische Gastronom Michel van Goethem die ehemalige „Fresskneipe" wieder wach. Seitdem geht's zu wie anno dazumal: große Portionen und ehrliche Küche. Neben der Frankfurter Küche gibt es auch saisonale Aktionen zu Themen wie Muscheln, Matjes, Indien, Spareribs oder Martinsgans. Die Schnitzelkarte umfasst 13 Varianten mit frischem Salat, leckeren Bratkartoffeln oder hausgemachten Pommes. Wobei das Knobischnitzel mit ganzen Zehen den nachhaltigsten Eindruck hinterlässt, den man aber mit einem Gläschen Oude Genever etwas abmildern kann.

Zeitweilig tauscht Michel den Zapfhahn mit der Gitarre und singt dazu feinste Oldies aus der Sparte Rock, Pop und Country mit seinen Musikerfreunden der Gruppe „Radio Bornheim".

Ort/Info: Bornheimer Landwehr 59, www.malepartus-frankfurt.de.

Vater Fritz und Tochter Renate hinter dem Tresen der Bornemer Marktstube

Bernemer Marktstube: Das liebenswerte Wohnzimmer
Wenn Peter Alexander das Lied „Die kleine Kneipe in unserer Straße" sang, hatte er bestimmt die Bernemer Marktstube als Vorbild. Wobei es sich mehr um ein öffentliches Wohnzimmer der reiferen Jahrgänge im Stile der 60er-Jahre handelt. Trotzdem ist dies schon seit „Kartoffel-Ottos" Zeiten die offizielle Anschrift der „Frankfurter Markthändler e.V.".

Mit der Raucherverordnung ist es etwas ruhiger um die nostalgische Lokalität geworden, doch sie hat nichts von ihrem Charme verloren. Die Seele der Minikneipe ist neben der „Jungwirtin" Renate ihr Elternpaar. Vater Fritz, heute Rentner und früher Metzger, hat Entertainer-Qualitäten. Mein Bornheim-Tipp.
Ort/Info: Mainkurstraße 3, Tel.: (069) 44 66 06.

Schöneberger: Von der Sängerkneipe zum In-Treff
In Bornheim ist fast jede Gaststätte mit Tradition behaftet, so auch der Schöneberger. Früher hieß sie „Kurmeier" und „Schlagbaum" und war Vereinslokal der Sänger vom „Schubert-Chor" sowie dem Gesangsverein „Erato". Nach mehreren gastronomischen Einbrüchen der Vorgänger mauserte sich der Schöneberger zum dauerhaften In-Treff und ist mittlerweile eine Bereicherung für die obere Berger Straße.

Am Eingang grüßt ein Elch die bunt gemischte Gästeschar, die sich an massive Holztische, Theke und im Gartenbereich verteilt. Die Karte ist ebenso bunt. Von Hochstädter Handkäs' über Penne mit Garnelen bis zu den Tournedos mit Waldpilzen oder 12 Flammkuchenvariationen. Der Gast wird satt. Doch der absolute Renner ist das sonntägliche Frühstück, ob „Einfach süß!" oder „Einfach gesund!" Dazu kann man noch unzählige Beigaben

ordern, wobei meine Favoriten der Pancake mit Ahornsirup und der Blaubeer-Pancake sind.
Ort/Info: Berger Straße 237, www.schoene-berger.de.

Gickelschlag: Bubi stieg auf Flammkuchen um

Nicht alle, die hier dinieren, wissen, dass der stets gut gelaunte Inhaber Bubi bürgerlich Karl Schiebel heißt. Bubi war früher der „Kult-Kellner" beim Solzer, bevor er auf die andere Straßenseite wechselte und ein Elsässer Speiselokal mit dem Ur-Bernemer Kerbebegriff Gickelschlag eröffnete. In einer Zeitschrift liest man: „Es fühlt sich so an, als sei man in Frankreich. In einem kleinen Dorf im Elsass, mit hübschen Häuschen und dem Duft von köstlicher französischer Landküche in der Luft. Doch wir sind … mittendrin in Bornheim."

Für Einsteiger ist der Flammkuchen mit einem Edelzwicker das Richtige. Fortgeschrittene sollten sich an „Baecke-

Ein Stück Elsass in Bornheim

offe", Lamm, Rind, Schwein, Kartoffeln und Zwiebeln im Weißweinsud gegart, wagen und ein Gläschen Chardonnay nachspülen. Alljährlich zur Kerb schlüpft Bubi in ein Gickelkostüm und schenkt mit seinen kostümierten Hühnern während des Kerbezuges gratis Eierlikör aus.
Ort/Info: Berger Straße 257, www.gickelschlag.de.

Wein Dünker: Nachgefragt in Hongkong
Durch eine mit Kopfsteinen gepflasterte Hofeinfahrt und die steile Kellertreppe hinab gelangt man in einen skurril-schönen Weinkeller mit reichlich Patina. Mittags dominieren Rentner die Bänke um die zu Tischen umgenutzten Weinfässer, genießen meist deutsche Weine zu günstigen Preisen und verzehren das selbst mitgebrachte Essen. Etwas später erfolgt der Schichtwechsel mit jüngerem, bunt gemischtem Publikum. Seit 1948 zelebrieren in diesem Ambiente Peter Dünker und nun Sohn Christoph Wein und Lebensfreude pur.

Dass die Bornheimer Institution auch im fernen China bekannt ist, erfuhr ich im „Foreign Correspondents' Club Hong Kong". Dort fragten mich ausländische Journalistenkollegen, die einst in Frankfurt arbeiteten und auch bis Bornheim vordrangen: „Was macht der Dünker?"

In der wärmeren Jahreszeit kann man den Wein auch im ebenso rustikalen Hinterhof genießen. Weinproben sind nach Terminabsprache möglich.
Ort/Info: Berger Straße 265, Tel.: (069) 45 19 93.

Weiße Lilie: Bierboykott, Parteitag und Damenbedienung
1862 setzte ihr Friedrich Stoltze mit „Beim Tanz in der Bernemer Lilch" ein literarisches Denkmal. Beliebt war sie besonders bei männlichen Gästen, da es Damenbedienung

Die „Weiße Lilie" im vorletzten Jahrhundert

gab, was seinerzeit eher selten war. Aber sie ging auch in die Geschichte ein. 1894 fand hier ein SPD-Parteitag statt, der ursprünglich in Nürnberg stattfinden sollte, aber das bayerische Gesetz verbot die Teilnahme von Frauen an politischen Veranstaltungen. In Bornheim war der Frauenrechtlerin Klara Zetkin die Teilnahme nicht verwehrt. Bereits im Vorfeld sprach der Wirt ein Lokalverbot für Sozialdemokraten aus. Die boykottierten kurzerhand die Lilie und der Wirt besann sich eines Besseren. Doch nun sprach der preußische General ein Lokalverbot für seine Soldaten aus, damit sie sich nicht an sozialdemokratischem Gedankengut infizierten.

Heute führt Petra Westermann das Regiment in der rustikalen Gaststätte und verwöhnt ihre Gäste mit spani-

schen Spezialitäten und viel Herzlichkeit. Die umfangreiche Tapas-Karte macht die Wahl zur Qual. Wobei Boquerones (Sardellenfilets) und Datteln im Speckmantel mein Tipp sind. Neben dem Klassiker Paella sowie Fleisch- und Geflügelgerichten kommen hier auch Fischliebhaber und Vegetarier voll auf ihre Kosten. Das Bier läuft gut und das schon seit ewigen Zeiten, als noch der Bierbrauer Leopold Herz hinter dem Tresen stand.
Ort/Info: Berger Straße 275, www.weisse-lilie.com.

Shoppen auf der Bernemer Zeil

Die Berger Straße ist nach der Zeil die zweitumsatzstärkste Einkaufsmeile Frankfurts. Der Gewerbemix lässt etwas zu wünschen übrig, da Handyläden und Billigbäcker streckenweise dominieren. Trotzdem gibt es rund um die „Bernemer Zeil" fast alles und immer wieder gilt es liebenswerte alte und neue Farbtupfer auf der Einzelhandelspallette zu entdecken.

Alles bio bei den „Blattläusen"

Wochenmarkt: Vitamine und Familientreff

Der Johanniskirchplatz soll in früherer Zeit ein Marktplatz gewesen sein, ab 1915 ebenso der Heideplatz und ab 1927 der Platz in der Arnsburger Straße, doch beide hatten keinen Bestand. Nach kontroversen Diskussionen der Bornheimer und der Einzelhändler wurde auf Anregung des Ortsbeirates mit der Eröffnung der U-Bahn 1980 auch der Wochenmarkt in der Berger Straße rund ums Uhrtürmchen eingerichtet. Heute ist diese Diskussion Historie. Alle lieben ihren Wochenmarkt, der unter Frankfurts Märkten den meisten Flair und unverwechselbaren Charme besitzt. Kunden aus Bornheim und den umliegenden Stadtteilen schätzen hier die Qualität und Quantität des Angebotes sowie die Nähe zum Erzeuger und Markthändler. Nicht zu unterschätzen ist der hohe Kommunikationswert des Wochenmarktes, der neben der Bernemer Kerb das „größte ganzjährige Familientreffen im lustigen Dorf" ist. Am Weinstand und in den umliegenden Cafés und Lokalitäten dominieren an den Markttagen die Einkaufskörbe- und -tüten und ihre geselligen Träger.
Öffnungszeiten/Info: Mi. 8.00-18.30 Uhr, Sa. 8.00-16.00 Uhr, www.frankfurter-markthaendler.de.

Alles bio in Bornheim

Immer mehr Produkte auf dem Wochenmarkt werden in Bioqualität angeboten, denn Bornheim hat sich mittlerweile zum Biostadtteil gemausert. Hier gibt es neben traditionellen Reformhäusern die Biomärkte: Alnatura, Basic, Denn's und Tegut. Lokale Pioniere in Sachen bio sind Bäckermeister Klaus Denninger und Metzgermeister Michael Spahn.

1999 übernahm Klaus Denninger den 1902 gegründeten Familienbetrieb in der Berger Straße 196, richtete

Bio-Bäckermeister Klaus Denninger

seine gesamte Produktion ökologisch aus und firmiert seitdem unter dem Namen „Denninger's Mühlenbäckerei“. Das Getreide für alle Vollkornmehlerzeugnisse wird auf eigenen Mühlen besonders schonend gemahlen. Seine Backwaren: 21 Vollkornbrote, 16 Brote aus Typenmehl, 28 Brötchensorten, Feingebäck und Blechkuchen, werden auch über die Stadtgrenzen stark nachgefragt.

Michael und Claudia Spahn gründeten 1992 die Metzgerei zuerst als konventionelle Metzgerei, bevor sie durch ein privates Schlüsselerlebnis völlig auf bio umstellten. Die Biometzgerei in der Berger Straße 222 ist in Frankfurt eine absolute Seltenheit. Denn geschlachtet wird direkt beim Biolandwirt vor Ort und die eigene Produktion umfasst mehr als 160 gluten- und laktosefreie Wurst- und Schinkensorten (Ausnahme: Sahneleberwurst). Selbst die Gewürze in der Wurst sind ausschließlich aus ökologischem Anbau.

Meder: Vom Badewannenleasing zum Vier-Fachgeschäft

Im Jahr der Eingemeindung (1877) eröffnete der Spengler Simon Meder ein Geschäft und verkaufte selbst gefertigte Badewannen, Badeöfen, Kohlenfüller und Herdschiffe. Der Renner ab 1890 war sein Badewannenleasing- und Lieferservice. Denn die wenigsten hatten seinerzeit eine Badewanne. Bei Hautkrankheiten „verschrieb" dann der Hausarzt befristet zur Behandlung eine Badewanne.

Heute verfügt das kleine Kaufhaus, das eine liebeswerte Institution sowie Sehenswürdigkeit im Stadtteil und seit seiner Gründung in Familienbesitz ist, neben einer Spielwarenabteilung über drei weitere Fachabteilungen: Modellbahnen und Modellautos, Glas und Porzellan sowie Küchen- und Haushaltswaren. Der familiäre Service ist das Markenzeichen von Meder und hat sich sogar bis zu einem südostasiatischen Staatschef herumgesprochen, der hier inkognito am Rande eines Staatsbesuches seine Modelleisenbahn vervollständigte. Aber auch der Lokalpatriotismus wird hier mit Bembel, Apfelweindeckel sowie Original Bornheim-Bechern befriedigt. Eines der schönsten Erlebnisse ist es aber, mit einem Geschenkgutschein ausgestattet, in der Haushaltswarenabteilung nach Herzenslust zu stöbern und zu shoppen.

Ort/Info: Berger Straße 198/Spessartstraße 7-9, www.meder-frankfurt.de.

Weltladen Bornheim: MainKaffee & Fair Trade

Behütet von St. Josef besteht seit 2005 der Weltladen Bornheim, der von Ursula Artmann und Stefan Diefenbach geführt wird, denen circa 20 ehrenamtliche Verkäufer zur Seite stehen. Im freundlichen Ambiente gibt es Lebensmittel, überwiegend in Bio-Qualität, und Kunsthandwerk. Die Produkte stammen aus Mittel- und Südamerika, Afrika und Asien von im Welthandel benachteiligten Handelspartnern. Ihnen eröffnet der faire und direkte Handel Möglichkeiten, ihre Produkte anzubieten. Die im Fairen Handel festgelegten Mindestpreise und Aufschläge garantieren den Produzenten die Deckung ihrer Produktionskosten und die Sicherung des Lebensunterhaltes. Ausbeuterische Kinderarbeit ist verboten.

Kurz nach der Eröffnung des Weltladens wurde der Fair-ein e.V. gegründet, der mit eigenständigen Aktivitäten und Veranstaltungen den Weltladen unterstützt. In Kooperation mit der katholischen und evangelischen Kirche sowie der GEPA hat der Weltladen Bornheim den Frankfurter Stadtkaffee „MainKaffee“ entwickelt, auf dessen Packung der Messeturm prangt und der bereits im Römer getrunken wird. Frankfurt hat sich sogar um den Titel „Fairtrade Town“ beworben.

Ort/Info: Berger Straße 133,www.weltladen-bornheim.de.

Susanne Freyhöfer (Mitglied des „fair-ein e.V.“) und Stefan Diefenbach bieten fair gehandelten MainKaffee an

Kerzen & mehr: Hier geht Bornheim ein Licht auf!

„Lieber ein Licht anzünden, als über die Dunkelheit zu klagen“ hat Inge Stroh zum Motto für das schnuckelige Lädchen im Hof der Wiesenstraße gewählt. Die adrette Geschäftsfrau hat das 80. Lebensjahr überschritten und strahlt noch jede Menge Energie aus. Früher betrieb sie ein Reformhaus, heute sind Kerzen ihr Metier. Die Vielfalt der Kerzen für jeglichen Anlass, von der Taufe über Kommunion und Konfirmation bis hin zum Lebenslicht, ist beachtlich. Dass Kerzen nicht nur die weibliche Welt erhellen, zeigt das Sortiment an „Herrengeschenken“, wie ein Fußball oder ein Pilsbierglas zum Abbrennen. Ob feierlich, lustig oder individuell angefertigt, hier findet man/frau immer ein passendes Geschenk und die Hinterhof-Atmosphäre ist gratis.

Ort: Wiesenstraße 12.

Inge Stroh: Fit wie ein Turnschuh

Kari & Katja vermitteln das Hessenfeeling

Im Frühjahr 2010 eröffnete das Kaufhaus Hessen seine Pforten und integrierte sich in kürzester Zeit bestens im

Kari Deppe und Katja Zöller mit Hessenlöwen

lustigen Dorf. Von Kari Deppe und Katja Zöller stammt die Idee, nur Produkte zu verkaufen, die in Hessen hergestellt wurden, denn „Think global, act local!", sprich regionale Herkunft, wird Konsumenten immer wichtiger. Das Angebot ist bunt gemischt, es reicht von hessischen Spezialitäten wie „Ahle Worscht“ über Seife bis hin zu Lederwaren. Für Landsleute, die zeitweilig in der Fremde ihr Brot verdienen, empfiehlt sich die Hessische PC-Tastatur mit Dialekt-Bedruckung. Wenn aber Heimweh und Entzugserscheinungen stärker werden, hilft nur der „Survivalpack“, der Apfelwein, ein Apfelweinglas mit Goldrand sowie ein Buch zur hessischen Apfelweinkultur enthält.

Im Kaufhaus Hessen kann man auch gemütlich einen Kaffee schlürfen und dabei Frankfurter Kranz genießen. Neben dem Ladengeschäft existiert auch ein Onlineshop. **Ort/Info**: Berger Straße 288, www.kaufhaushessen.de.

Büchermeile Berger Straße

An der Berger Straße wurde ein Platz nach der Künstler- und Verlegerfamilie Merian benannt, obwohl es hier keine

Verlagshäuser gibt. Trotzdem hat sich fast unbemerkt die Berger Straße zur Frankfurter Büchermeile entwickelt. Südlich des Merianplatzes ist Ypsilon Buchladen & Café (Berger Straße 18), wo die Kombination von Literatur- und Gaumengenuss gepflegt wird und sich nicht nur Alt-68er wohl fühlen. Kunstausstellungen und Lesungen sind Programm. Selbst der türkische Literaturnobelpreisträger Orhan Pamuk las schon im Ypsilon. Folgt man der Berger Straße bergauf, befindet sich in Hausnummer 83 das moderne Antiquariat Kontext und ein paar Meter weiter die Buchhandlung Buch & Wein (Berger Straße 122). Welche Kombination hier dominiert, ist unmissverständlich. Von der U-Bahn-Station Höhenstraße sind es nur wenige Schritte zur Zentralen Kinder- und Jugendbibliothek im Saalbau Bornheim.

Die Buchhandlung & Antiquariat Naumann & Eisenbletter (Berger Straße 168) führen seit Jahrzehnten Bernhard Naumann und Heinz Eisenbletter, die immer für einen gepflegten Plausch oder einen Scherz zu haben sind. Freitags hilft die Erfolgsautorin und gelernte Buchhändle-

Heinz Eisenbletter und Bernhard Naumann

rin Ines Thorn, um den Kontakt mit ihrer Leserschaft zu pflegen und auch um Romangestalten für ihren nächsten Historienroman zu finden. Nur ein paar Meter vom Marktplatz ist in der Arnsburger Straße 76 die Buchhandlung Schutt. Im Gegensatz zu dem vorher beschriebenen Männerbetrieb bringt in diesem Frauenbetrieb Angelika Schleindl mit ihren „Bücherfeen" Literatur an Frau und Mann. Im Hinterhof ist ein anheimelndes Antiquariat, in dem Lesungen stattfinden. Der nördlichste Punkt für den Bücherkauf ist das Kaufhaus Hessen, das ausschließlich Literatur aus dem Hessenland anbietet, zu Themen wie „Ahle Worscht" oder „Ebbelwoi".

Und eine Frankfurter Premiere hat die Berger Straße anzubieten: gleich zwei „Öffentliche Bücherschränke". Am Merianplatz und am Hohen Brunnen stehen aus Metall gefertigte massive Bücherschränke, die jedermann zugänglich sind und wo man kostenfrei Bücher entleihen kann, aber auch mit neuen oder gelesenen Büchern wieder ergänzt. Eine tolle Idee, die der Ortsbeirat unterstützte.

Die Hoftür zum Antiquariat Schutt

Halbnackt durch Offenbach

2009 kam der Bornheimer Michael H. auf der Fahrt durch Offenbach in eine Verkehrskontrolle. H. hatte ein schwarzes T-Shirt mit der Aufschrift „Bornheim“ und dem Bornheimer Wappen, der Wolfsangel, an. Dies legten die Offenbacher Ordnungshüter als „Tragen von Kennzeichen verfassungsfeindlicher Organisationen“ aus, erstatteten Strafanzeige, konfiszierten das T-Shirt und ließen H. mit nacktem Oberkörper zurück nach Bornheim fahren. H. konnte die Beamten partout nicht überzeugen, dass es sich bei der Wolfsangel mitnichten um ein Nazi-Symbol handele, sondern um das Bornheimer Ortswappen. Die Wolfsangel steht tatsächlich auf der Liste verbotener Zeichen und darf nach § 86a Strafgesetzbuch nicht als Kennzeichen neonazistischer Organisationen gezeigt werden, aber als Stadt- oder Ortswappen ist sie weiter erlaubt. Bereits 2004 sprach das Frankfurter Landgericht einen Bornheimer frei, der es auf einer Mütze trug: Das Zeichen sei erlaubt, weil mit Nazi-Symbolen nicht zu verwechseln. Mit einem kurzen mainüberquerenden Telefonat bei ihren Bornheimer Kollegen im VI. Polizeirevier hätte sich diese Bildungslücke innerhalb weniger Minuten geschlossen.

Den Vorfall nahm ein Bornheimer Stadtverordneter zum Anlass für eine parlamentarische Anfrage, die höchstpersönlich von der Oberbürgermeisterin beantwortet wurde. Petra Roth hatte sich zwischenzeitlich mit ihrem Offenbacher Amtskollegen ins Benehmen gesetzt. Ergebnis: Die Offenbacher Staatsanwaltschaft stellte das Ermittlungsverfahren gegen Michael H. ein und er bekam sein beschlagnahmtes Lieblingshemdchen per Post zurück. Das T-Shirt ist seitdem der Renner bei Joachim Raabe in sei-

Beim Kerbezug lacht Bornheim über Offenbach

nem Kultlädchen „Eaglebauer Enterprises“ in der Berger Straße 253.

Fazit: Die Bornheimer haben mit rechtem Gedankengut wenig an der Mütze und sind stolz auf ihr jahrhundertealtes Ortswappen, das sie auf unzähligen Vereinstrikots und T-Shirts tragen und das sogar im Frankfurter Rathaushof, in Sandstein gehauen, zu bestaunen ist. Mit den Offenbachern und ihrer Polizei sind sie weiterhin nachsichtig und antworten mit den Worten des Frankfurter Heimatdichters Friedrich Stoltze:

„Was is des Ofebach for e Stadt!
Die hawe’s ganz in der Näh gehat
Un hawe’s verbaßt von Aabeginn,
dass se net aach von Frankfurt sin.“

Feste & Fitness & Freizeit

Feiern bis zum Abwinken – Die Bornheimer und ihre Feste

Die Bornheimer verstanden es schon immer zu feiern und fanden auch stets einen Anlass, um aus dem nicht immer einfachen Alltag auszubrechen. Jüngste Feste sind das „Bernemer Oktoberfest“ am letzten Septemberwochenende und Anfang Oktober das „Bornheimer Herbstfest“ am Fünffingerplätzchen. Ob beide Feste Tradition werden, muss sich erst noch erweisen.

Bernemer Kerb: Fünf Tage Ausnahmezustand
Die Bernemer Kerb, hochdeutsch: Bornheimer Kirchweihfest, gehört zu den ältesten und traditionsreichsten Festen

Kerbeplatz vor der Johanniskirche

Frankfurts und wird seit 1608 gefeiert. Ursprünglich wurde die Kerb im April gefeiert, doch dann auf das 2. Augustwochenende verlegt. Da es in Bornheim mittlerweile mehrere Religionsgemeinschaften und Kirchen mit jeweils eigenem Kirchweihtag gab, wurde die Kerb quasi säkularisiert und zur Erhaltung des beliebten Volksfestes 1932 die „Bernemer Kerwe-Gesellschaft" gegründet. Wichtige Rollen in der alljährlichen Inszenierung nehmen Kerbepaar, Kerbebürgermeisterpaar, Kerbeortsdiener sowie die Schnittergruppe aus Kerbeburschen und Kerbeschwestern ein. Früher trieb noch der Kerbeaff' sein Unwesen mit den Besuchern des Kerbezuges.

Nachdem am Freitag die Kerb in den Gaststätten Bornheims vom Kerbeortsdiener eingeläutet wird, holen die Kerbeburschen am Samstag in aller Herrgottsfrühe den Kerwebaum aus dem Wald und stellen ihn auf dem Festplatz auf. Anschließend findet ein großer Festzug durch Bornheim und die feierliche Eröffnung der Kerb statt. Von der „Bornheimer Blues- & Folknacht" am Freitag bis zum Sonntag ist der offizielle Festplatz im gemütlich-historischen Ambiente vor der Zwibbelkersch (Johanniskirche). Und auch das benachbarte „Bernemer Museumslädchen" präsentiert stets eine Kerbe-Ausstellung.

Während der gesamten Kerb gibt es links und rechts der Oberen Berger Straße Musik, Frankfurter Spezialitäten und geselliges Beisammensein, das im traditionellen „Bernemer Mittwoch", dem letzten Festtag, seinen Höhepunkt findet. An Bornheims höchstem Feiertag findet auch der „Gickelschmiss" (das Hahnenschlagen) statt. Ein amüsantes Spektakel, bei dem die Teilnehmer mit verbundenen Augen und mithilfe eines Dreschflegels nach einem „Dippe" (Tontopf) schlagen müssen. Wer den Topf zerschlägt, bekommt als Preis einen lebenden Hahn. Mit der abendlichen „Lisbethverbrennung“ klingt die Kerb allmählich aus. Die Lisbeth, die während der Kerb hoch oben am Kerbebaum thronte, wird nun symbolisch verbrannt, um ein Jahr später ihre Auferstehung zu feiern.

Volkswandertag: Idyllische Winkel per pedes entdecken
„Bernem trifft sich uff de Gass“ ist ein geflügeltes Wort, das sagen will: „vieles findet im Freien statt“. Der Volkswandertag „Rund um Bornheim“ entstand in den 70er-Jahren und wird alljährlich von den Vereinen des Vereinsrings Bornheim meist in der ersten Jahreshälfte organisiert. Hier haben Bornheimer und Gäste die Möglichkeit, zu Fuß unbekannte grüne Winkel zu erwandern. Dabei treten oft idyllische Flecken zutage, die sonst nur die Eingeweihten des „Touristen- und Mandolinenclubs Wanderfalke“ kennen, die alljährlich für den Volkswandertag ansprechende Wanderwege in der Bornheimer Natur suchen und auch finden.

Die Kerbemacher

Als die Reblaus nach Bornheim kam
Am Bornheimer Hang wuchs einst Wein, bis die Reblaus und das Klima dem ein Ende setzten. Heute wächst nur noch trinkenswerter Riesling auf dem Lohrberg, oberhalb des Nachbarstadtteils Seckbach und in der Dependance des städtischen Weingutes in Hochheim am Main (Rheingau). In die Bornheimer Weinberge fielen zur Erntezeit auch alljährlich Lerchenschwärme ein und taten sich ungeladen an den reifen Trauben gütlich. Dies missfiel seinerzeit den Winzern und sie jagten die gefiederten Eindringlinge, die anschließend als willkommene Abwechslung bei einem Fest, dem sogenannten „Lerchenherbst", ihren Speiseplan bereicherten.

Lerchenherbst: 1982 griff die Turngemeinde Bornheim diese Tradition symbolisch wieder auf und feiert seitdem an einem Samstagabend im Oktober den „Lerchenherbst" in der Turnhalle Falltorstraße/Berger Straße. Der „Lerchenherbst" ist ein „Bernemer Insiderfest", zu dem es auch alljährlich zahlreiche Kommunal- und Landespolitiker hinzieht. Höhepunkt des volkstümlichen Events ist der Bühnenauftritt der Prellballabteilung.

Bornheimer Weinfest: Adel verpflichtet
Und auch der Gewerbeverein Bornheim Mitte hat sich seit ein paar Jahren wieder auf die Weinbautradition Bornheims besonnen und veranstaltet auf der Berger Straße zwischen „Bornheimer Fünffingerplätzchen" und Saalburgstraße das „Bornheimer Weinfest". Zu dem feuchtfröhlichen viertägigen Fest zieht es außer den zahlreichen Bürgerlichen auch den Adel in Gestalt von Weinprinzessinnen und -königinnen.

Feste feiern macht lustig

Nikolausmarkt: Ein Herz für Kinder

Den jährlichen Abschluss des öffentlichen Festreigens in Bornheim bildet seit Anfang der 90er-Jahre der „Nikolausmarkt der Bernemer Vereine", der als Veranstaltung des Vereinsrings Bornheim ins Leben gerufen wurde. An jedem 1. Freitag im Dezember findet auf dem Bornheimer Marktplatz rund um das Uhrtürmchen diese beliebte Veranstaltung statt. Sie ist gedacht, um speziell Kinder und Eltern, aber auch alle „Rest-Bornheimer" auf das Weihnachtsfest einzustimmen. Neben den Marktständen der Vereine gibt es auch jeweils ein buntes Programm mit Musik, Lesungen und weihnachtlichen Aufführungen. Selbstverständlich darf der Nikolaus nicht fehlen, der von etlichen kleinen Bornheimern sehnsüchtig erwartet wird.

Das Dach der Bornheimer Vereinswelt

Der Vereinsring Bornheim wurde 1970 gegründet und ist Frankfurts größter Vereinsring. Er fasst etwa 70 Vereine verschiedener Interessen und Größe zusammen. Die Bandbreite reicht von der „Turngemeinde Bornheim 1860“ mit 20.000 Mitgliedern bis hin zu Vereinen mit nur einer Handvoll Mitgliedern. Aber auch traditionsreiche und junge Vereine sind unter seinem Dach vereint. So erblickte der „Concordia Chor“ schon vor 165 Jahren das Licht der Vereinswelt. Der „1. Frankfurter Bühnentanzsportclub“ hingegen hat gerade eineinhalb aktive Jahrzehnte auf dem Vereinsrücken. Multikulturell war der Vereinsring schon, bevor sich diese Wortschöpfung in der Umgangssprache einbürgerte. So könnte kein Fußballverein ohne die Kicker mit Migrationshintergrund eine komplette Elf auf den Rasen bringen.

Jeder Verein braucht ein Dach über dem Kopf: Gefeiert wird oft und gern in Bornheimer Vereinen. Neben dem Saalbau und Vereinsgaststätten hat der Stadtteil auch eine Anzahl schmucker und selbst ausgebauter Vereinsheime. Besonders stolz sind die Bornheimer auf ihren Bürgertreff, den sie 1995 als erster Frankfurter Vereinsring von der städtischen Saalbau übernahmen und seitdem in Eigenverwaltung betreiben. Hier haben auch Bürger die Möglichkeit, Räume für Familienfeiern preisgünstig zu mieten.

Das Bornheimer Modell: In der Kommunalpolitik wird anerkennend vom „Bornheimer Modell“ gesprochen. Die „Turngemeinde Bornheim 1860“ übernahm das Gartenbad Fechenheim und andere Einrichtungen in Eigenregie. Ebenso pflegte die „SG Bornheim/Grün-Weiß“ ihren Fußballplatz bereits als erster Frankfurter Fußballverein in Eigenregie. Ein Bornheimer Motto in Zeiten knapper kommunaler Kassen lautet: „Anpacken und selbst machen!“

Herzlich Willkommen! Die Vereine im Vereinsring Bornheim und ihre Aktivitäten finden sich im Internet. Der Schritt aus der Isolation der Single- oder Familienwohnung ist manchmal ein großer, aber die Türen der Vereinsheime, der Turnhallen und des Bürgertreffs stehen allen offen. Sie sind jederzeit willkommen!
Info: www.vereinsring-bornheim.de

Die Turngemeinde Bornheim bewegt Frankfurt seit über 150 Jahren

Am 4. Juni 1860 wurde nach zwölfjährigem Vereins- und Turnverbot durch die Stadt Frankfurt endlich die Turngemeinde Bornheim gegründet. Was seinerzeit bescheiden mit einem Klettermast auf dem Turnplatz im Wirtshausgarten des „Goldenen Löwen“ auf dem Gelände der heuti-

Die jüngsten Bornheimer Sportler der Turngemeinde

gen Kirchnerschule in der Berger Straße anfing, entwickelte sich zu einem beispiellosen Erfolgserlebnis beziehungsweise zu Hessens größtem Sportverein.

Das Ohr an der Gesellschaft: Auf der Grundlage des satzungsgemäßen Auftrages zur körperlichen Ertüchtigung und Förderung der Gesundheit hat sich der Verein stetig weiterentwickelt. Besonders den gesellschaftlichen Wertewandel, die gesellschaftlichen Veränderungen durch die Alterspyramide und die zunehmende Individualisierung haben die Bornheimer hervorragend gemeistert. Sie haben es verstanden, stets ihr sportliches Angebot zu aktualisieren und den Bedürfnissen ihrer Mitglieder anzupassen. Dabei waren der permanente Aus- und Neubau der Übungsstätten ebenso notwendig wie die Qualifizierung der Übungsleiter, Mitarbeiter und zahlreichen ehrenamtlichen Helfer.

Umfangreiches Sportangebot: Die Turngemeinde begleitet ihre Mitglieder von der Geburt bis ins hohe Alter. Das Angebot reicht von Babymassagen bis hin zu speziellen Seniorenangeboten. Rekordverdächtig ist auch die Entwicklung der Sportangebote von 1985 bis heute. Statt seinerzeit aus 20 Angeboten, kann heute ein Mitglied unter 184 verschiedenen Sportangeboten auswählen. Von 160 Stunden Sport, die im Jahr 1985 in einer einzigen Sportstätte stattfanden, werden nun mehr als 800 Stunden Sport pro Woche in zwei vereinseigenen Hallen, in denen sich auch zwei Fitness-Studios befinden, auf insgesamt 4.800 m^2 Trainingsfläche angeboten. Daneben betreibt die Turngemeinde das Gartenbad Fechenheim mit großem Wellness- und Saunabereich und bietet ihren Mitgliedern auch Tennis und Golf an. Zusätzlich bestehen noch 17 Kooperationen mit Schulen und Vereinen, die über 70 Stunden Sportunterricht pro Woche enthalten.

Gut gerüstet für die Zukunft: Mit Elan und großer Vorfreude startete das Vorstandsteam um den Vorsitzenden Peter Völker und die Mitarbeiter in das Jubiläumsjahr 2010 und stellte sich neuen Herausforderungen. Mit drei vereinseigenen Sportstätten, einem umfangreichen attraktiven Sportangebot, mehr als 250 hochqualifizierten Übungsleitern und über 100 engagierten, ehrenamtlichen Helfern sieht sich das fünfköpfige Vorstandsteam gemeinsam mit den 18 hauptamtlichen Mitarbeitern gut gerüstet.

Info und Kontakt: Geschäftsstelle Berger Straße 294, Tel.: (069) 4 60 00 40 oder www.tgbornheim.de.

Frankfurter Volksbank Stadion

Seit ein paar Jahren ist das Stadion am Bornheimer Hang nach einem Sponsor benannt. Es ist seit 1931 die Heimat des traditionsreichen „blau-schwarzen" Fußballvereins „FSV Frankfurt 1899 e.V.", dessen 1. Herrenfußballmannschaft in der 2. Bundesliga spielt. Berühmtester FSV-Fußballer war Richard Herrmann, der 1954 in Bern Fußballweltmeister wurde. Der FSV hatte in der Vergangenheit auch erfolgreiche Leichtathletik-, Boxsport- und Frauenfußballabteilungen. Armin Harry, der erste Mensch, der die 100-Meter-Strecke in 10,0 Sekunden lief, startete für den Bornheimer Verein.

Ort/Verkehrsanbindung/Kontakt: Richard-Herrmann-Platz 1, U 7, Station Eissporthalle, www.fsv-frankfurt.de.

Mit dem Aufstieg in die 2. Liga stiegen auch die Zuschauerzahlen

Sportplatz der SG Bornheim 1945 e. V. Grün-Weiß

Die SG Bornheim ist ein kleiner Stadtteil-Verein mit der größten Kinder- und Jugendfußballabteilung in Frankfurt, sein Vereinsmotto lautet: „Unser Verein engagiert sich im Stadtteil – Die Jugend muss von der Straße." Er besitzt ein selbst geschaffenes „Kinder- und Familienzentrum" (KiFaZ) mit „Pädagogischem Mittagstisch", Ferien-Betreuung sowie Familien-Sport-Café und ist das erste Haus dieser Art auf einem Fußballplatz in Deutschland. Die soziale Integration benachteiligter Kinder, das Verständnis für fremde Kulturen, die Ausbildung von Jugendlichen für ein ehrenamtliches Engagement, die Unterstützung berufstätiger Eltern bilden wichtige Ziele ihrer familienpolitischen Tätigkeit.

Die 1. Herrenfußballmannschaft spielt in der Fußball-Gruppenliga Frankfurt West und die 1. Damenmannschaft in der Hessenliga. Das Vereinsheim ist Mo.-Fr. 15.00-23.00 Uhr und Sa., So. abhängig vom Spielbetrieb offen.

Die U-12-Mädchen der SG Bornheim/Grün-Weiß

Ort/Verkehrsanbindung/Kontakt: Berger Straße 385 b, U 4 und Buslinien 38 und 43, Station Seckbacher Landstraße, www.sgbornheim.de.

Ostpark

Der Ostpark ist ein beliebter Freizeitpark, der stark von Joggern, Walkern, Freizeitkickern und vielen anderen Sportlern sowie Schulsportlern frequentiert wird. Innerhalb des Ostparks sind verschiedene Spielwiesen und Fußballplätze. Der 1907 gegründete FFC Olympia 07 spielt in der Fußball-Kreisliga B und hat seine Heimat im Ostpark. Der Verein, der auch eine Cricket-Abteilung hat, besitzt ein Vereinsheim mit Biergarten und ist Hauptnutzer der Fußballplätze im Ostpark (www.ffc-olympia.de).
Ort/Verkehrsanbindung: Ostparkstraße/Ratsweg, U 7 und Straßenbahnlinie 12, Station Eissporthalle.

Panoramabad Bornheimer Hang

Das städtische Erlebnisbad am Bornheimer Hang, in Nachbarschaft des Sportcenters Bornheim der Turngemeinde Bornheim, bietet während des Badens und Saunierens einen weiten Ausblick auf den Frankfurter Osten. Die Schwimmhalle mit etwa 1.000 m² Wasserfläche ist unterteilt in ein Innen- und ein Außenbecken mit Ausschwimmkanal. Neben einem Nichtschwimmerbecken und einem Planschbecken gibt es auch Whirlpools. Die kleinen Bornheimer sind vor allem von der spiralförmigen Riesenrutsche im Außenbecken begeistert. Die Saunalandschaft erstreckt sich über zwei Etagen und hat im Außenbereich eine Blockhaus-Sauna. Zusätzlich stehen Solarien und eine Massagepraxis zur Verfügung. Im Angebot des Panoramabades sind auch Schwimmkurse und Aquajogging für Kinder und Erwachsene. Die Turngemeinde

Die Außenanlage des Panoramabades Bornheimer Hang

Bornheim und die DLRG haben hier feste Übungs- und Trainingszeiten.

Ort/Verkehrsanbindung/Kontakt: Inheidener Straße 60, Buslinie 38, Haltestelle Panoramabad, Tel.: (069) 27 10 89 13 00, www.panoramabad-frankfurt.de

Eissporthalle Frankfurt

Die Eissporthalle Frankfurt am Bornheimer Hang wurde 1981 eröffnet. Sie ist im Besitz der Stadt Frankfurt und galt lange als eine der modernsten Hallen ihrer Art in Deutschland. Die öffentliche Einrichtung diente verschiedenen Eishockeyclubs und wird für die vielfältigsten Veranstaltungen genutzt. So beispielsweise für „Hessen tanzt", der weltgrößten Tanzsport-Veranstaltung oder für Spiele der Handball-WM.

Mehr als 9.000 m² Eisfläche bietet die Eissporthalle, davon 1.800 m² in der großen Halle, 675 m² in der kleinen Halle und weitere 1.800 m² Außenfläche mit einem

Eishockey in der Eissporthalle

Membrandach. Außerdem gibt es einen 400-Meter-Außenring unter freien Himmel.

Ort/Verkehrsanbindung/Kontakt: Am Bornheimer Hang 4, U 7, Buslinien 38 und 103, Straßenbahnlinie 12, Station Eissporthalle, Tel.: (069) 21 23 93 08, www.eissporthalle-frankfurt.de.

Doktor Wau-Wau und die Fassenacht

Die erste Gründung eines Karnevalsvereins im Raum Frankfurt geschah 1839 im kurmainzischen, damals nicht zu Frankfurt gehörigen Dorf Heddernheim. Erst 1858 erblickte unter Geburtshilfe des Demokraten und Lokaldichters Friedrich Stoltze die „Frankfurter Carneval-Gesellschaft Die Bittern“ das Licht der närrischen Welt. Politisches Engagement und Narretei waren für Stoltze keine trennenden Gegensätze. Denn Satire und Humor waren ihm häufig scharfe Waffen gegen Unrecht und Unterdrückung. So organisierte er Maskenbälle, deren Reinerlös ins Ausland emigrierten 1848er-Revolutionären zugutekamen. Gegen Stoltze wurden selbst Haftbefehle erlassen, die ihn zeitweilig ins Exil trieben.

Die Fassenacht kommt nach Bornheim

Bornheims Ur-Narren, die „Carnevalgesellschaft Appolonier", veranstaltete 1863 einen Maskenzug durchs lustige Dorf. 1865 fand ein Laternenzug der „Bornheimer Bittern", einer Abspaltung der Frankfurter, vom Schützenhof zum Langen Hof statt. Ein Jahr später überfielen die Preußen Bornheim und verboten den Spaß. Doch die Bornheimer waren erfinderisch und veranstalteten Maskenbälle unter der Tarnbezeichnung „Sommer- und Winterverein", oder „Bürgerverein Bornheim". 1888 wurde in der „Weißen Lilie" die „Alte Bornheimer Carnevalgesellschaft" gegründet und die Presse lobte die dortigen prunkvollen

Junge Damen der Stutzer-Garde

Sitzungen. Der beliebte Bornheimer Tierarzt Dr. Dietz wurde im Volksmund „Doktor Wau-Wau“ genannt. Er war 1891 Mitgründer des gleichnamigen Karnevalsvereins, dessen Elferrat Hundskopfmasken trug und statt des dreifachen Helau ein Wau-Wau ertönen ließ.

Närrische Hochburg

Der „Große Rat der Frankfurter Karnevalsvereine“, Dachverband von über 60 Karnevalsvereinen, wurde sogar 1949 im „Schmärrnche“, im Schatten der Bornheimer Johanniskirche, gegründet. Heute ist Bornheim die närrische Hochburg Frankfurts. Im Vereinsring Bornheim sind 16 Vereine, die sich Gott Jokus geweiht haben, und während der „fünften Jahreszeit“ ertönt aus dem Saalbau, Kirchengemeindesälen und Vereinsheimen ein fröhliches Helau.

Info: www.vereinsring-bornheim.de/vereine oder www.grosser-rat.de

Helmut Kohl und Bornheim?

Was haben Alt-Bundeskanzler Helmut Kohl, der Bornheimer Pfarrer Michael Metzler und der Stadtteilhistoriker Bernhard Ochs gemeinsam? Alle drei sind Ehrenmitglieder des „Freundeskreises der Mineralien- und Fossiliensammler Frankfurt 1993 e. V.“, kurz FMF. Die beiden Letztgenannten haben sogar einen Hammer oder besser gesagt sind Träger des „Goldenen Hammers“, der höchsten und „schwersten“ Auszeichnung, die der in Bornheim beheimatete Verein zu vergeben hat. Der FMF wurde 1993 von mineralien- und fossilieninteressierten Menschen aus Frankfurt und Umgebung gegründet und veranstaltete viele Jahre Mineralienbörsen in Bornheim.

1899 wurde der „Verein zur Förderung des Kleingartenbaues" gegründet und der Lehrer Bernhard Cronberger zum Vorsitzenden gewählt. Bereits drei Monate nach der Vereinsgründung war die Anlage I in der Dortelweiler Straße neben dem Bornheimer Friedhof umzäunt, Lauben gebaut und Wege angelegt. Die Kleingärtner errichteten außerdem eine Bibliothek und organisierten die Weiterbildung der Vereinsmitglieder.

Cronbergers Ziel war es, „Schrebergärten" nach dem Beispiel des Leipziger Arztes und Pädagogen Daniel Gottlieb Moritz Schreber einzurichten. Schreber analysierte seinerzeit die Lebensverhältnisse in den Großstädten und beklagte den Verfall von Familienstrukturen und Volksgesundheit. Deshalb wollte er „eine körperliche, sittliche und geistige Erneuerung herbeiführen", zu der auch der eigene Anbau von gesundem Obst und Gemüse zählte. Cronberger war schon vor der Gründung des Kleingartenvereins in Sachen Gartenkultur aktiv, so setzte er sich auch massiv für

Gärtnerinnenglück in einer Cronberger Anlage

Schulgärten in Frankfurt ein. Der Bornheimer Verein genoss hohes Ansehen beim Magistrat und nahm im Auftrag der Stadt an Industrie- und Gewerbeausstellungen in anderen Großstädten teil. Außerdem verwaltete er für das städtische Armenamt sogenannte Armenäcker, die unentgeltlich an Bedürftige vergeben wurden. Der Verein nannte sich zu Ehren seines langjährigen Vorsitzenden in „Kleingärtnerverein Cronberger e. V.“ um.

Der KVG Cronberger heute

Die Vorstellungen von gestrengen Vereinsvorständen, die mit dem Zollstock die Höhe der Grashalme messen, ist Vergangenheit. Heute werden die Kleingärten meist als Freizeitgärten genutzt und sind besonders bei Familien mit Kindern beliebt. Und auch der Anbau von eigenem Obst und Gemüse auf biologischer Basis und ohne chemische Zusätze hat in den letzten Jahren viele Freunde gewonnen. Die Cronberger betreiben heute 13 Anlagen, die meist im Frankfurter Nordosten liegen. In der Anlage I ist ein Vereinsheim, das auch interessierten Besuchern offensteht und wo man bei einem kühlen Blonden die Freuden der Kleingärtner besser begreifen lernt.

Info und Kontakt: Sprechstunde Di. 16.00-19.00 Uhr, Dortelweiler Straße 122 oder www.kleingaertner-cronberger.de.

Die Stadtteilhistoriker & Frankfurts kleinstes Museum

Geschichte ist für die Stadtteilhistoriker des Bürgervereins und Förderkreises historisches Bornheim keine ernste und staubige Angelegenheit in dunklen Archiven, sondern sie begreifen Geschichte als erfahrbaren Ausdruck von Lebensfreude und Bekenntnis zu ihrer Heimat, oder Wahlheimat, Bornheim. 1997 haben sich die Mitglieder des 1890 gegründeten „Bürgervereins" und des „Förderkreises" zusammengetan, um die Geschichte Bornheims zu erforschen, zu bewahren und weiterzugeben. Der Förderkreis entstand als Bürgerinitiative, weil die Bornheimer den 1980 aufgestellten ungeliebten Brunnen am Marktplatz, den sie als Hundeklo und Zinksarg bezeichneten, durch einen Brunnen ihrer Wahl ersetzt haben wollten. Nach Aktionen und Spendensammlungen bekamen sie dann ihren „Halblange-Brunnen", dessen tanzende Figuren mehr dem Charakter des „lustigen Dorfes" entsprechen.

Seit 1994 besteht das „Bernemer Museumslädchen" (Frankfurts kleinstes Museum) in der Turmstraße. Kein Heimatmuseum antiquierter Prägung, sondern lebendiger Treffpunkt für Historie- und Kunstausstellungen. Im Hinterhaus ist das „Bornheim-Archiv", das ständig durch neue Archivalien und Exponate erweitert wird und sogar Anfragen von Menschen mit Bornheimer Wurzeln aus Übersee erhält. Bei den „Bernemer Babbelabenden" mit Mundartinterpreten in Apfelweinlokalen bleibt kaum ein Sitzplatz frei und an den historischen Stadtteilführungen nehmen Schulklassen, Gruppen und wissensdurstige Personen teil. Mit dem „Bernemer Halblange" werden vierteljährlich die Mitglieder informiert und jährlich geben die Stadttteilhistoriker den Stadtteilkalender „Wir in Bornheim" heraus, der über die Stadtteilgrenzen zum beliebten Sammlerobjekt geworden ist. Und sie mischen sich auch in die Kommunalpolitik ein – nicht parteipolitisch, sondern überparteiisch, wie zum Beispiel beim Erhalt des Langen Hofes oder in Sachen Denkmalschutz.

Das Museumslädchen vom Kirchhof gesehen (Gemälde von Heinz Böttger)

Doch Hauptziel ihrer ehrenamtlichen Arbeit ist, dass das „Bornheim-Gefühl" gehegt, gepflegt und weitertransportiert wird. Dafür suchen sie Mitstreiter, „Alter, Geschlecht, Hautfarbe oder Nationalität unwichtig", so in einem Flugblatt des Bürgervereins und Förderkreises historisches Bornheim und „wenn Sie alte Fotos, Schriften oder Bornheimer Devotionalien auf dem Dachboden entdecken, bringen Sie sie zu uns, bei uns leben Ihre Erinnerungen weiter!"

Info: Tel.: (069) 49 37 78 (Vorsitzender Bernhard E. Ochs) oder www.historischesbornheim.de.

Die Brüder Wertheim – Ein Stück deutscher Industriegeschichte

Nähmaschinenfabrikant: Joseph Wertheim wurde 1834 in Rotenburg an der Fulda in einer jüdischen Familie geboren. Nach einer Mechanikerlehre wanderte er als 20-Jähriger in die USA aus und arbeitete in der Nähmaschinenfabrik Wheeler & Wilson. 1862 kam er nach Frankfurt und eröffnete eine Niederlassung. Sechs Jahre später eröffnete er eine eigene Fabrik in der Burgstraße. Als Firmenlogo wählte er den Zwerg mit Hammer. Seine Nähmaschinen eroberten von Bornheim aus den südamerikanischen und australischen Markt.

1873 baute er auf dem Eckareal Arnsburger Straße/ Habsburgerallee eine Villa, dort wo heute das Café Wien mit Süßem lockt. In der Burgstraße waren inzwischen 650 Arbeiter und Angestellte beschäftigt und in Bonames wurde eine neue Eisengießerei eröffnet, da es in Bornheim zu eng wurde. Sie zählte zu den modernsten Produktionsstätten für Gusseisen in Europa. 1870 gründete Joseph in Barcelona eine Zweigniederlassung, die 1920 in die Firma Rapida umgewandelt und 1943 von Olivetti übernommen wurde. In Spanien produ-

Joseph Wertheim

zierte man bis 1975 Nähmaschinen unter dem Namen Wertheim.

Stadtverordneter und Mäzen: Wertheim engagierte sich auch sozial und in der Kommunalpolitik. Er war einer der ersten Bornheimer, der nach der Eingemeindung in den Frankfurter Römer einzog. Dort war er mit Unterbrechungen von 1877 bis 1890 Stadtverordneter. Als Mäzen unterstützte er den „Verein für Genesungsanstalten", der im Taunus ein Alters- und Genesungsheim betrieb, und war Mitbegründer und Förderer der „Aktienbaugesellschaft für kleine Wohnungen", die in der ABG Frankfurt Holding aufgegangen ist. Den Bornheimern stiftete er im alten Burgblock gegenüber seiner Fabrik ein „Vereinshaus mit Arbeiterbibliothek".1899 starb Joseph Wertheim während eines Kuraufenthaltes in Nizza. Er hinterließ zehn Kinder. Die Führung der Firma hatte er zuvor seinen Söhnen übertragen.

Die Nähmaschinenfabrik Wertheim an der Burgstraße

Firmenverlagerung nach Spanien: Schon 1932 erkannten die Wertheims die aufkommende Gefahr durch die Nazis und verlagerten die Produktion nach Spanien. Dort war Karl Wertheim, der sich nun Carlos Vallin nannte, bis 1945 Geschäftsführer. 1936 wurde das Fabrikgebäude in Bornheim abgerissen. Auf dem Gelände errichteten die Nazis Wohnhäuser, in die bevorzugt „verdiente Parteigenossen" einzogen.

Asbestfabrik an der Berger Straße: Auch Joseph Wertheims jüngerer Bruder Louis (Jahrgang 1838) suchte in Bornheim sein Glück. Er gründete zwischen Berger Straße und Heidestraße eine Asbestwarenfabrik, die eine ähnliche Bedeutung für Frankfurt erlangte wie die Nähmaschinenfabrik seines Bruders. 1874 produzierte er anfangs Stopfbüchsen aus Baumwolle, später aus Asbestgewebe. Der Gewerbebetrieb entwickelte sich schnell zu einem Industrieunternehmen, das in der Asbestproduktion eine europäische Führungsrolle einnahm. Auch Louis wurde es in Bornheim zu eng. So errichtete er ein Zweigwerk in Niederrad. Zusammen mit dem Stammwerk Bornheim beschäftigte er 300 Arbeiter in seinen Asbestwerken, die ab 1898 als „Frankfurter Asbestwerke KG" firmierten. Seine Nachfahren wurden von den Nazis gezwungen, ihren Betrieb an „arische" Eigentümer zu verkaufen.

Wohlstand und Ruhm in Australien: Hugo Wertheim, Jahrgang 1854, heiratete seine Cousine beziehungsweise Joseph Wertheims Tochter Sophie, ehe die beiden 1875 nach Australien auswanderten. Hugo brachte es in seiner Wahlheimat Australien zu Wohlstand und Ehren. In Melbourne begann er als Generalagent für die Nähmaschinen seines Schwiegervaters und eröffnete im Vorort Richmond ein Kaufhaus, das sich zusätzlich auf Klaviere spezialisierte. 1908 gründete er dann eine eigene Klavierfabrik. Eine Straße in Melbourne wurde sogar nach ihm benannt. Hugo und Sophie Wertheim hatten fünf Kinder. Ihr Sohn Rupert Carl (1893-1933) spielte Tennis in der australischen Daviscup-Mannschaft und ihr Urenkel Jeff Kennett, Jahrgang 1948, machte eine politische Karriere bis zum Premierminister des Bundesstaates Victoria.

Gegen das Vergessen: Teile der Familie Wertheim wurden Opfer des Holocaust. Paul Wertheim, ein Sohn Josephs, der sich in der Vereinswelt engagierte und auch Bornheimer Karnevalsprinz war, erkannte zu spät die aufkommende Gefahr. Er erschoss sich 1939 im Ostpark, um dem Holocaust zu entgehen. Die Nazis versuchten vergeblich, den Namen Wertheim aus dem Gedächtnis zu löschen. So entfernten sie im alten Burgblock die Steintafel mit der Aufschrift: „Jos. Wertheim'sches Vereinshaus". Der Bürgerverein und Förderkreis historisches Bornheim setzte sich dafür ein, dass 2007 in Anwesenheit von Wertheim-Nachfahren, aus Australien und Spanien, wieder die alte Steintafel feierlich angebracht wurde und das Andenken an eine großartige Unternehmer- und Stifterfamilie bewahrt bleibt.

Louise von Rothschild: Die Freifrau mit dem grünen Daumen

Die 1820 in London geborene Louise Freifrau von Rothschild hat sich höchstwahrscheinlich nicht als Bernemerin bezeichnet, aber sie hat viel Positives für Frankfurt und Bornheim bewirkt. Nach dem Brauch der Familie Roth-

Louise von Rothschild nach einer Zeichnung von Maria von Stülpnagel

schild heiratete sie 1842 ihren Cousin, den Frankfurter Bankier Mayer Carl von Rothschild (1820-1886), mit dem sie gemeinsam sieben Töchter hatte. Ihr Ehemann entstammte dem Neapolitanischen Zweig der Rothschilds, gehörte der Frankfurter Stadtverordnetenversammlung sowie dem Norddeutschen Reichstag an und wurde als erster Jude Mitglied des Preußischen Herrenhauses. Das Ehepaar zählte zu den einflussreichsten und reichsten Frankfurtern. Hauptsächlich wohnte die Familie im Rothschild-Palais am Untermainkai, heute Domizil des Jüdischen Museums, doch als Sommerresidenz wählten sie Bornheim. Dort entstand um 1845 auf dem Areal des heutigen Günthersburgparks nach den Plänen des Architekten Friedrich Rumpf ein weißes Schlösschen mit Orangerie und Park.

In unmittelbarer Nähe an der Weidenbornstraße entstand in den Jahren 1864-1866 nach dem Entwurf des Architekten Heinrich Burnitz ein landwirtschaftlicher Musterbetrieb nach „englischer Art" mit Wohn-, Wirtschafts- und Verwaltungsgebäuden, Ställen und einer Brennerei. Dies war das kostspielige Hobby von Louise, denn sie hatte wie ihr Landsmann, der heutige britische Thronfolger, einen „grünen Daumen" und ein Faible für Landwirtschaft. Bekannt war der Hof, der vielen Bornheimern Arbeit bot, für seine Milchwirtschaft. Auf dem Areal des Louisenhofs ist heute die Frankfurter Entsorgungs- und Service GmbH (FES).

Louise war Stifterin mehrerer sozialer Einrichtungen in Frankfurt. So ließ sie 1870/1871 ein privates Hospital errichten, in dem sie sich gemeinsam mit ihren Töchtern um Soldaten kümmerte. Sie stiftete 1875 im Gedenken an ihre jung verstorbene Tochter Clementine das Clementine Kinderkrankenhaus auf einem Gelände an der Bornheimer Landwehr und trat als Stiftungsnachfolgerin nach dem Tod ihrer Tochter Hannah Louise bei der Heilanstalt Carolinum ein. Louise von Rothschild starb am 12.12.1894. Sie wurde auf dem Alten Jüdischen Friedhof in der Rat-Beil-Straße beigesetzt. 2008 wurden die Weidenbornschule und die Bornheimer Realschule zusammengelegt, die neue Schule im Gebäude der ehemaligen Weidenbornschule bekam den Namen Louise-von-Rothschild-Schule.

Willi Richter: Der einzige Bornheimer, der eine Briefmarke ziert

Das Leben des Gewerkschafters und Sozialpolitikers Willi Richter (1894-1972) spielte sich im ersten Lebensabschnitt in der Berger Straße ab. In Hausnummer 416 geboren, in 268 die Kirchnerschule besucht, in 418 bei Wolf, Jahn & Co eine Lehre als Feinmechaniker absolviert und in 294 bei der Turngemeinde Bornheim das Florett geschwungen. 1913 trat er dem Deutschen Metallarbeiter-Verband (DMV) und 1919 der SPD bei. Der 1891 in Bornheim gegründete DMV war die Vorläuferorganisation der IG Metall. Nach dem Studium an der Akademie der Arbeit begann Richters Laufbahn als Gewerkschaftssekretär und als Stadtrat in Darmstadt. Als die Nazis 1933 die Macht ergriffen, wurde er entlassen, mehrfach verhaftet und unter Polizeiaufsicht gestellt. Gleichzeitig begann seine illegale Tätigkeit im Widerstand, wo er Kontakt zum Leuschner-Kreis hatte. Als Handelsvertreter für Metzgereibedarf überbrückte er beruflich die nachfolgenden Jahre. Durch seine Reisetätigkeit konnte er aber auch gleichzeitig Kontakt zu Widerstandsgruppen halten.

Briefmarke von 1994

1945, nach dem Zusammenbruch der Diktatur, war Richter am Wiederaufbau der Gewerkschaften in Hessen maßgeblich beteiligt. Von 1947 bis 1949 war er Mitglied im Frankfurter Wirtschaftsrat und von 1949 bis 1957 Bundestagsabgeordneter für den Wahlkreis Friedberg. Gleichzeitig wurde er in den Bundes-

Willi Richter (Mitte) besucht ein Forschungszentrum in den USA

vorstand des Deutschen Gewerkschaftsbundes (DGB) als Leiter der Hauptabteilung Sozialpolitik und 1956 zum DGB-Vorsitzenden gewählt. 1962 trat er in den Ruhestand. Mit seiner Politik ist die Einführung der 5-Tage-Woche, die Reform der Rentenversicherung und das Lohnfortzahlungsgesetz verbunden. Er kämpfte zeitlebens für Abrüstung und gegen Atomwaffen. Sein Herz und Engagement gehörte aber auch dem Sport sowie den Kindern und rechtlosen Landarbeitern der sogenannten „Dritten Welt".

Gerhard Beier hat mit der Biografie: „Willi Richter – Ein Leben für die soziale Neuordnung" sein Lebenswerk gewürdigt und der Autor dieses Stadtteilführers hatte beim DGB und der Post erreicht, dass 1994 zum 100. Geburtstag Richters eine Gedenkausstellung gezeigt wurde und eine Sonderbriefmarke zu Ehren des großen Bornheimers erschien. Willi Richter wurde auf dem Frankfurter Hauptfriedhof beigesetzt.

Cefischer, ein mundmalender Cartoonist

Der Cartoonist, Zeichner, Maler und Redakteur Carl E. Fischer (Künstlername: Cefischer) lebte von 1900 bis 1974 in Bornheim. Sein künstlerisches Oeuvre war überwiegend die zeichnerische Darstellung von Tieren, Karikaturen und Gebrauchsgrafik. Daneben wirkte er als Buchillustrator, Autor und Illustrator von eigenen Kinderbüchern, sowie als Designer von Tierplastiken und Gebrauchsgeschirr aus Porzellan. Von 1937 bis 1962 war er Mitarbeiter der „Frankfurter Illustrierten“, die im Hause der Frankfurter Societäts-Druckerei erschien.

Cefischer mit Oskar

1945 verlor Cefischer bei einem Luftangriff in Fulda beide Arme und erlernte innerhalb kurzer Zeit das Zeichnen mit dem Munde. Sieben Jahre später entsteht seine berühmte Comicfigur, der Kater „Oskar“, der ihn über die Grenzen Frankfurts hinweg berühmt machte und in gewisser Weise die Bornheimer Antwort auf Walt Disneys Micky Maus sein sollte. Von 1952 bis 1962 erscheinen in der „Frankfurter Illustrierten“ etwa 1.500 Einzelzeichnungen und zusätzlich sieben Oskar-Bücher in einer Gesamtauflage von 550.000 Exemplaren im Frankfurter Societäts-Verlag. Gegen Ende der 50er-Jahre versuchte man sogar, als Gegenstück zum berühmten Filmpreis „Oscar“ aus der US-Filmmetropole Hollywood den „Silbernen Oskar“ zu etablieren. Der Filmpreis trug das Bildnis des Katers Oskar und wurde an Schauspieler aus dem deutschsprachigen Raum verliehen. Preisträger waren Gert Fröbe, Hildegard Knef, Ruth Leuwerik, Lieselotte Pulver und Heinz Rühmann.

Oskar-Buch aus dem Jahr 1954

Klaus Fischer: Cefischers Sohn, Klaus (Hein) Fischer (1937-2001), der sich zeitweilig den Künstlernamen Fischer-Bernem (mundartlich für Bornheim) gab, trat in die Fußstapfen seines Vaters. Er war als Bühnenbildner, Illustrator und Trickfilmer tätig und stand im Bekanntheitsgrad seinem Vater nicht nach, sondern fand durch das Medium Fernsehen sogar eine größere Verbreitung. Cefischer, seine erste Ehefrau Else und sein Sohn sind in einem Gemeinschaftsgrab auf dem Bornheimer Friedhof (Gewann H Nr. 1571) beigesetzt.

Vicky Leandros und Bornheim?

Die griechische Schlagersängerin Vicky Leandros wurde am 23. August 1952 als Vassiliky Papathanassiou auf der Insel Korfu geboren. 1955 zogen ihre Eltern mit Vicky nach Bornheim in die Rendeler Straße 17. Dort wohnte die kleine Vicky bis 1958. Vater Leo Leandros war beim Hessischen Rundfunk als Kapellmeister beschäftigt und trat als Sänger in der Radiosendung „Der Frankfurter Wecker“ auf, die Hans-Joachim Kulenkampff moderierte. Ein Teil der Kultsendung wurde live vom Saal des ehemaligen Schützenhofes in der Berger Straße 177 ausgestrahlt. Heute ist dort das Berger Kino.

40 Jahre später eröffnete Vicky Leandros den Frankfurter Weihnachtsmarkt. Der Stadtverordnete Michael Paris und einer seiner Freunde konnten 1998 Vicky zu einer Stippvisite in Bornheim vor der Weihnachtsmarkteröffnung bewegen, die von einem Fernsehteam des Hessischen Rundfunks begleitet wurde.

Richard Herrmann und das Wunder von Bern(em)

Richard Herrmann (1923-1962) wurde in Kattowitz geboren und kam 1947 aus der englischen Kriegsgefangenschaft nach Bornheim. Bald wurde er zum gefeierten Stürmer des FSV, der seinerzeit in der Oberliga Süd spielte. Herrmann war ein bodenständiger Typ. Als ihn 1952 Juventus Turin mit einem sagenhaften Angebot nach Italien locken wollte, blieb er Bornheim treu. Herrmann war mit Alfred Pfaff, dem Kapitän der Eintracht Frankfurt, befreundet. Beide wurden dann auch 1954 in den Kader

der Fußballnationalmannschaft berufen. Am 4. Juli 1954 wurde die deutsche Elf im Endspiel gegen Ungarn mit 3 : 2 Weltmeister im Berner Wankdorf-Stadion. Herrmann und Pfaff standen allerdings nicht in der Endspielmannschaft. Jedoch beim vorhergehenden Gruppenspiel Ungarn-Deutschland am 20. Juni 1954 in Basel, das mit 8 : 3 für Deutschland verloren ging, schossen er und Pfaff jeweils ein Tor.

Die damaligen Profifußballergehälter fielen allerdings nicht so üppig wie heute aus, deshalb betrieb er einen Zigarren- und Zeitschriftenladen am Uhrtürmchen, den heute seine Söhne Horst und Rolf weiterführen und der noch immer eine Institution der Bornheimer Fußballwelt ist. Herrmann fand auf tragische und zugleich mysteriöse

Richard Herrmann (rechts) beim ersten Länderspiel nach dem II. Weltkrieg, am 22. November 1950 in Stuttgart. Deutschland besiegte die Nationalmannschaft der Schweiz mit 1 : 0

Weise den Tod. Bundestrainer Sepp Herberger ließ die Nationalmannschaft angeblich mit Vitaminen und Traubenzucker spritzen. Mannschaftsarzt Prof. Dr. Franz Loogen benutzte dabei verunreinigte Spritzen, die zu Gelbsuchterkrankungen mehrerer Spieler führten. Herrmann, der nie Alkohol trank, starb als 39-Jähriger an einer rätselhaften Leberzirrhose. In einem Nachruf im „Neuen Sport" wurde er treffend beschrieben: „In ein paar Jahren werden Männer wie er nur noch im Lesebuch vorkommen." Bornheim ehrte ihn erst 48 Jahre nach seinem Tod. Der neu gestaltete Platz vor dem Frankfurter Volksbank Stadion am Bornheimer Hang wurde auf Initiative des Ortsbeirates am 25. April 2010 in Richard-Herrmann-Platz benannt. Er und seine Ehefrau Lieselotte (1923-1990) wurden auf dem Bornheimer Friedhof (Gewann B – 592) beigesetzt.

Ines Thorn: Reisende zwischen den Bücherstädten

Ines Thorn (Jahrgang 1964) ist eine „bekennende Eigeplackte", denn ihre Wiege stand nicht am Main, sondern sie wuchs an der Weißen Elster in der Bücherstadt Leipzig auf. Dort erlernte sie den Beruf der „Volksbuchhändlerin", wie es in der DDR-Terminologie hieß. Nach der Geburt ihrer Tochter und der Trennung von ihrem Mann verschlug es sie 1992 in die Bücherstadt Frankfurt, wo sie Germanistik und Slawistik studierte. Nach erneuter Heirat verdiente sie ihr Geld als Werbetexterin, Bibliothekarin und Korrektorin.

Den ersten Schritt in Richtung Literatur wagte sie 1998 mit der Veröffentlichung eines Essays in einem Schweizer Literaturmagazin. Ihr Honorar betrug 20 Brief-

Ines Thorn

marken. Im Jahre 2000 gelang dann der Durchbruch mit ihrem Debütroman „Die Spiegeltänzerin“. Es folgte 2002 die Romanbiografie „Maler Gottes“ über den Schöpfer des weltberühmten Isenheimer Altars in Colmar, Matthias Grünewald. Nun war sie von dem Genre des kriminalisierenden Historienromans gefangen und neue Titel erschienen im Jahresrhythmus. Die Zentralfigur der Romane ist meist weiblich und der Handlungsort das mittelalterliche Frankfurt: Die Pelzhändlerin (2005), Die Silberschmiedin, Die Wunderheilerin, Historikus (2006), Die Kaufmannstochter (2007), Galgentochter, Die Tochter des Buchdruckers (2008), Höllenknecht (2009), Das Mädchen mit den Teufelsaugen (2010).

Ihr Arbeitsstil ist akribisch. Nach der Recherche- und Archivarbeit zieht sie sich Tee trinkend in ihr Bornheimer Büro zurück und sitzt dort angestelltengleich meist von 9.30 bis 19.00 Uhr am Computer. Mittlerweile kann man Ines Thorn als Erfolgsautorin und Frankfurtkennerin bezeichnen. Den Kontakt zu ihren Lesern sucht die sympathische Autorin, außer in zahlreichen Lesungen, freitagnachmittags in ihrem alten Beruf als Buchhändlerin in der Buchhandlung Naumann & Eisenbletter auf der Berger Straße. Irgendwie praktisch: Denn die beiden Inhaber und andere vorbeiflanierende Bornheimer Charakterköpfe tauchen als mittelalterliche Akteure in ihren Romanen auf.

Adam Seide: Gott grüß die Kunst!

Den Bornheimern ist er meist auf dem Wochenmarkt aufgefallen oder wenn er bei Richard Herrmann seine Brissago-Zigarillos kaufte. Sommer und Winter stets in Schwarz gekleidet, mit seinen langen schneeweißen Haaren und eine Einkaufstasche unter die Achselhöhle geklemmt. Die wenigsten wussten, dass Adam Seide Schriftsteller ist, obwohl er 1986 die Redaktion des „Bornheim Buchs" übernommen hatte und 1987 sein Roman „Rebecca oder Ein Haus für Jungfrauen jüdischen Glaubens besserer Stände in Frankfurt am Main" erschien, der in einem Haus am Röderbergweg spielte.

Adam Seide

Adam Seide wurde 1929 in Hannover geboren. Er stammte aus einem gewerkschaftlich und sozialdemokratisch geprägten Arbeitermilieu, erlernte den Beruf des Schriftsetzers, studierte Sozialwissenschaften bei Wolfgang Abendroth und betrieb eine Galerie in Hannover. Frankfurt wurde in den 70er-Jahren seine Wahlheimat und Bornheim gehörte seine besondere Zuneigung. In dieser Zeit lernte ich Adam kennen. Gesprächsstoff bildeten unser gemeinsamer Lehrberuf des Schriftsetzers, Frankfurter und Bornheimer Kommunalpolitik sowie die Kochkunst. 1984 war Seide Mitgründer des Hessischen Literaturbüros, des ersten deutschen Literaturbüros, mit Sitz im Mousonturm, und seit 1998 arbeitete er als Dozent an der Hochschule für Gestaltung in Karlsruhe. Seide wurde für sein umfangreiches literarisches und gestalterisches Werk mehrfach ausgezeichnet, so als Stadtschreiber von Unna oder Nicolaus-Born-Preisträger (Niedersächsischer Kunstpreis 2000).

Am 29. April 2004 starb Adam Seide im Alter von 74 Jahren an einer Lungenentzündung. Er war mit der Bildhauerin Ann Reder-Seide verheiratet. Eines seiner letzten Werke hat autobiografische Züge und schildert die Wanderschaft, so wie es früher die Buchdrucker- und Schriftsetzerkollegen taten. In diesem Sinne rufe ich Dir unseren alten Gruß zu: „Gott grüß die Kunst".

Drei Bornheimerinnen, die zupacken können!

Zu Urgroßvaters Zeiten gingen Handwerksburschen nach bestandener Gesellenprüfung „Auf die Walz". Der Steinbildhauer Christian Rupp aus dem Schwabenland blieb der Liebe wegen in Bornheim hängen und gründete hier im „Dreikaiserjahr" 1888 einen Steinmetzbetrieb. 1927 übernahm sein ältester Sohn Jakob den

Auszubildender Lukus Kölln, Silvia Ruths-Rupp und Saskia Ruths / v.l.n.r.

väterlichen Betrieb, an der Mauer des Bornheimer Friedhofs gelegen.

Dann geschah etwas Außergewöhnliches in der Berufswelt der starken Kerls. Jakobs Tochter Silvia trat in die Fußstapfen ihres Vaters und erlernte das Steinmetz- und Steinbildhauerhandwerk. Mit der bestandenen Gesellenprüfung ließ sie es allerdings nicht bewenden. Im politisch bewegten Jahr 1968 absolvierte sie erfolgreich als eine der ersten Frauen die Meisterprüfung in dieser Männerdomäne und übernahm gemeinsam mit ihrem Ehemann Albert Ruths den Betrieb von ihrem Vater. Nachdem Silvia Ruths-Rupp sich unter ihren Steinmetzenkollegen bestens behauptet hatte, stand sie sogar viele Jahre als Obermeisterin der Innung vor und wurde anschließend zur Ehrenbezirksobermeisterin ernannt. Tochter Saskia folgte in vierter Generation der Familientradition und absolvierte neben dem Betriebswirtschaftsstudium erfolgreich ihre Meisterprüfung. Seit 2006 ist die Geschäftsführung von Marmor Rupp in den Händen von Mutter und Tochter. Neben den klassischen Grabsteinen, die durch die veränderte Bestattungskultur weniger nachgefragt werden, ist ihr zweites Standbein Bausteinmetzarbeiten im Hausbau und Gartendesign. Larissa, die jüngere Tochter, lernte auch etwas Handfestes. Sie ist Raumausstatter-Meisterin sowie geprüfte Restauratorin und betreibt eine eigene Werkstatt auf dem Betriebsgelände in der Dortelweiler Straße. Nebenbei stemmt sie noch den kaufmännischen Bereich im Büro von Marmor Rupp. Somit blicken drei starke Frauen aus zwei traditionellen Handwerksberufen in eine gemeinsame Zukunft.

Carlo Munck: Pferdeflüsterer und letzter Bauer

In der oberen Berger Straße, wo früher in der Traditionsgaststätte „Zur deutschen Eiche“ Bier gezapft wurde, plant heute in der ehemaligen Gaststube eine Architektin die

Carlo Munck mit Traktor

Zukunft. Biegt man dann in die Hofeinfahrt ein, fühlt man sich jedoch etwas in die Vergangenheit versetzt. Es riecht nach Landluft. In einem Stall stehen zwei Pferde, Strohballen sind gestapelt und eine schmucke Kutsche steht im Hof. Hier ist das Reich des Bornheimer Urgesteins Carlo Munck (83), der eigentlich Karl heißt und im Telefonbuch als Fuhrunternehmer ausgewiesen wird. Die Muncks zählen zum „Bernemer Adel", sind mit den meisten alten Bornheimer Familien verwandt und betrieben auch Landwirtschaft. Vater Alex war Fuhrunternehmer, zuerst mit Pferden und dann mit Motorkraft.

Carlos Pferdeverstand ist über die Grenzen Frankfurts bei Reit- und Fahrvereinen gefragt und zur Bernemer Kerb organisiert er stets zahlreiche Pferdekutschen für den Umzug. Er selbst hat schon Generationen von Frankfurter Stadtoberhäuptern, Kerbebürgermeistern und Hochzeitspaaren unbeschadet durch das lustige Dorf kutschiert. Aber Carlo nimmt auch gerne den einen oder anderen Schoppen und ist in der oberen Bornheimer Thekenmeile ein gern gesehener Gast, zumal sein Repertoire an lustigen Begebenheiten und Bornheimer Historie schier unerschöpflich ist.

Von der Schultheißenfamilie zur ersten Ortsvorsteherin

Nach jahrzehntelangem Kampf um die Gleichberechtigung wird am 12. November 1918 das Frauenwahlrecht in Deutschland gesetzlich verankert. Zuvor war Politik reine Männersache. Auch in Bornheim standen nur männliche Schultheißen der Gemeindevertretung vor. Hier hatte es über ein Jahrhundert sogar dynastische Züge, denn die

Bäcker- und Schultheißenfamilie Rühl schien ein Abonnement auf dieses Amt zu haben. Johann Georg Rühl (1721-1791) war der erste seiner Familie und Friedrich Wilhelm Rühl (1833-1883) der letzte Schultheiß bis zur Eingemeindung im Jahre 1877.

Fortan vertraten Bornheimer Stadtverordnete die Interessen des neuen Frankfurter Stadtteils im Römer. 1890 wurde der Bezirksverein Bornheim, später Bürgerverein, gegründet, der ebenfalls die Interessen Bornheims wahrnahm. Im Zuge der hessischen Gebietsreform entstanden 1972 als Stadtteilparlamente die Ortsbeiräte. Sie lösten den Bürgerverein als Interessenvertretung ab. Die Ortsbeiräte wurden, zusammen mit den Frankfurter Stadtverordneten, als sogenanntes Hilfsorgan der Stadtverordnetenversammlung demokratisch gewählt. Der für Bornheim und das Ostend zuständige Ortsbeirat hat 19 Sitze, die entsprechend dem Wahlergebnis mit Parteienvertretern besetzt sind. Vorsitzender ist der Ortsvorsteher. Die Reihenfolge und Amtszeiten der Ortsvorsteher ist bis dato wie folgt: Norbert Simon (SPD) 1972-1976, Alois Hilbert (SPD) 1976-1977, Gerhard Holz (CDU) 1977-1985, Bernhard Ochs (SPD) 1985-1990, Franz Stein (SPD) 1990-1996, Hedi Tschierschke (SPD) 1996-2011.

Hedi Tschierschke (geb. Koch, Jahrgang 1945) stand als erste weibliche Ortsvorsteherin dem Ortsbeirat 4 (Bornheim/Ostend) vor. Die Bornheimerin, die mit Blick auf die Johanniskirche aufwuchs, ging in die Kirchnerschule und lernte Chemielaborantin bei den Farbwerken Hoechst. Ihren Ehemann Christian lernte sie bereits im jugendlichen Alter im Zeltlager der Falken in Franken kennen. Durch ihr ehrenamtliches Engagement in der Kinder- und Jugendarbeit kam sie zu ihrem zweiten beruflichen Standbein als Erzieherin.

Hedi Tschierschke (links) beim Volkswandertag „Rund um Bornheim" 2010

In den Ortsbeirat kam sie 1993 für die SPD. 1996 wurde sie zur Ortsvorsteherin gewählt und begleitete dieses Amt bis zum Frühjahr 2011. Mit insgesamt 15 Jahren Amtszeit als Ortsvorsteherin hält sie den Rekord im „lustigen Dorf" und selbstverständlich im Ostend. Im „Verein Kinder in der Stadt Frankfurt" (KIDS) war die Sozialdemokratin bis zu ihrer Pensionierung im Vorstand sowie in der Bernemer Kerwe Gesellschaft und bei den Stadtteil-Historikern aktiv. Dass sie sich in der Turngemeinde Bornheim regelmäßig für ihre Enkel fit hält, ist Ehrensache.

Wann kommt der Bahnhof?

Lange bevor es Ortsbeiräte gab, vertraten Bezirksvereine, später in Bürgervereine umbenannt, die Belange der Bürger aus den Stadtteilen gegenüber der Römerpolitik. Mitbegründer und Vorstandsmitglied des Bezirksvereins Bornheim war der Gastwirt Adolph Steib. 1897 schrieb er an den „Hochgeehrten Magistrat" und die „Wohllöbliche Stadtverordnetenversammlung" und forderte für Bornheim den Eisenbahnanschluss nebst Bahnhof, „damit endlich dieser Stadtbezirk auch einmal an die Welt erschlossen und etwas Verkehr dorthin gelenkt wird".

Der Bezirksverein hatte auch wiederholt Eingaben an den preußischen König und an den Eisenbahnminister gemacht. Einmal sogar mit Plan und Denkschrift, die von einem Regierungs-Eisenbahnbaumeister angefertigt wurden. Den Bornheimern schwebte eine Bahnlinie unterhalb der Kohlbrandstraße und des Bornheimer Hanges vor, die dann in Richtung Ostbahnhof verlaufen sollte. Als ihnen vorerst doch kein Bahnhof beschert werden sollte, forderten sie einen „schnurgeraden Straßenanschluss durch die Mainkurstraße mit Unterführung des Röderbergs, direkt in den neuen Ostbahnhof". Hiermit, so Steib 1897, „wäre Bornheim vorerst geholfen, in wenigen Minuten könnten die Fuhrwerke in den Bahnhof gelangen und sich neue größere Geschäfte ansiedeln, die uns Verkehr bringen". Sein Ururenkel, der heute im Ortsbeirat sitzt, ist hingegen ein eifriger Verfechter der Verkehrsberuhigung.

Bildnachweis

Archiv des Bürgervereins und Förderkreises historisches Bornheim e. V.   S. 10/11, 16, 28/29, 59, 67, 75, 77, 82, 93, 114, 115, 125

BäderBetriebe Frankfurt GmbH   S. 106

Heinz Böttger, Frankfurt am Main   S. 54, 113

Institut für Stadtgeschichte, Frankfurt am Main   S. 46

Evi Künstle, Hochschule für Gestaltung, Karlsruhe S. 128

Bernd Löser, Frankfurt am Main   S. 13, 22, 32, 33, 35, 40, 41, 43, 44, 48, 50, 51, 53, 57, 60, 62, 65, 68, 71, 73, 78, 80, 83, 85, 87, 88, 89, 90, 91, 94, 96, 98, 103, 104, 108, 110, 131, 134

Bernhard E. Ochs, Frankfurt am Main   S. 38, 120, 121, 122, 123, 130

Jochen Schneider, Frankfurt am Main   S. 127

Sport- und Badeamt, Frankfurt am Main   S. 107

Stoltze-Museum, Frankfurt am Main   S. 19

Maria von Stülpnagel, Frankfurt am Main   S. 118

Turngemeinde Bornheim 1860 e. V., Festschrift 2010, Fotos Wolfgang Janz   S. 100/101